REMARQUES
SUR LA CARTE
DE
L'AMERIQUE
SEPTENTRIONALE,

COMPRISE ENTRE LE 28e ET LE 72e DÉGRÉ
DE LATITUDE,

AVEC

UNE DESCRIPTION GEOGRAPHIQUE
DE CES PARTIES;

Par M. BELLIN, *Ingénieur de la Marine & du Dépôt des Cartes, Plans & Journaux, Censeur Royal, de l'Académie de Marine, & de la Société Royale de Londres.*

A PARIS,

De l'Imprimerie de DIDOT, Quai des Augustins,
à la Bible d'or.

M. DCC. LV.

REMARQUES
SUR LA CARTE
DE L'AMÉRIQUE
SEPTENTRIONALE,

Comprise entre le 28e & le 72e degré de Latitude ; avec une Description Géographique de ces Parties.

LES Traités de Géographie ne nous donnent pas une connoiſſance bien juſte & ſuffiſamment détaillée de l'Amérique Septentrionale. Les Cartes qui ont été publiées pour cette Partie du Monde, à la fin du ſiecle dernier & au commencement de celui-ci, ne ſont pas plus exactes, & ſi on les compare entre elles, on ſera frappé des différences conſidérables qui s'y trouvent, tant ſur l'étendue que ſur la ſituation des mêmes Parties ; mais on peut excuſer leurs Auteurs ſur le peu de connoiſſances qu'on en avoit

alors, & qui ne commencent à se développer que
depuis une dixaine d'années : & quoique nous soïons
encore loin de la précision nécessaire, à laquelle il y
a tout lieu d'esperer que nous parviendrons dans
quelques années ; en attendant ces connoissances,
j'ai cru qu'il étoit utile de fixer celles que nous
avons aujourd'hui, & d'en faire connoître le dégré
de certitude.

Parmi les Cartes les plus récentes, & qu'on doit
avec justice regarder comme les meilleures, celle qui
a été faite en 1746, par M. Danville, Géographe
du Roi & de l'Académie des Inscriptions, doit tenir
le premier rang : ensuite viennent deux Cartes Angloises, publiées à Londres ; la premiere en 1753 par
M. Green, en trop petit point à la vérité pour y trouver les détails nécessaires que l'on y a même trop né-
gligés ; mais elle est accompagnée d'un Mémoire
rempli de Remarques utiles à la perfection de la Géographie ; la seconde a pour titre, *Carte des Possessions
des François & des Anglois dans l'Amérique Septentrionale, par M. Mitchell en 1755.* Elle est en huit feuil-
les, & contient les mêmes Parties que la nouvelle
Carte dont il s'agit. On peut joindre à ces Cartes celle
que M. Robert a publiée en 1753. Je crois qu'il est
inutile de rappeller ici ce que j'ai donné en 1744 sur
l'Amérique ; & surtout (1) ces trois Cartes du Canada & de la Louisiane, qui, si je l'ose dire, ont
servi de base à ceux qui ont travaillé depuis, comme il est aisé de s'en convaincre à la premiere inspec-

(1) Ce sont ces trois Cartes sur lesquelles j'ai fait beaucoup de correc-
tions & d'additions, que j'ai publiées en 1755, ce qui les rend entierement différentes de l'Edition de 1744.

tion ; malgré les changemens & les améliorations qu'ils peuvent y avoir faits, & dont je crois être en droit de profiter.

Qu'on ne croie pas que j'aie envie d'attaquer ni les Auteurs, ni leurs Ouvrages ; je connois le mérite des uns & des autres, & je leur rends la justice qui leur est dûe : si je suis forcé d'emploïer la critique, je ne m'en servirai que comme d'un flambeau pour m'éclairer, & me conduire dans une carriere obscure où il est si facile de s'égarer ; que si malgré cet aveu, quelques Auteurs, soit François, soit Anglois, s'en trouvoient offensés, ce mot sera toute ma réponse :

Cædimus, inque vicem prebemus crura sagittis. *

Un écueil qu'il faut éviter avec soin, & contre lequel beaucoup d'Auteurs ne sont pas assez en garde, c'est cette prévention particuliere, soit pour sa Nation, soit pour quelques idées séduisantes, auxquelles on sacrifie toute autre connoissance, & que l'on défend souvent avec aigreur.

La Géographie n'est *qu'une*, & par conséquent vraie : c'est la dégrader, que de s'en servir pour appuyer de fausses conjectures, ou d'injustes prétentions ; c'est cependant ce qu'on a vu dans plusieurs Cartes de l'Amérique Septentrionale, & surtout dans celles que les Géographes Anglois ont publiées récemment ; mais il est certain que l'amour de la Patrie n'est pas plus une excuse pour le Géographe, que sa façon de représenter les choses ne fait loi pour les Nations voisines.

En effet, qu'un Géographe, Anglois ou François,

* Perse, *Satyre* 4.

change les noms reçus anciennement pour chaque Pays, qu'il les porte aux Contrées voisines, qu'il en resserre ou étende les limites, suivant certaines circonstances; qu'il ajuste sa Carte à des idées particulieres qu'il a adoptées, on n'en peut assurément rien conclure, & de pareils Ouvrages ne font pas des titres qu'on puisse opposer sérieusement en cas de contestation. Mais le Géographe qui cherche le vrai, remonte aux premieres découvertes, & suit leurs progrès; il connoît les premiers noms, & les changemens que le tems & les circonstances leur ont fait essuyer; il distingue les premiers établissemens, de ceux qui les ont suivis, & ne marque de limites que celles qui font constatées par des Traités.

Voilà les regles que je me suis imposées, c'est au Public à juger si je ne m'en suis pas écarté.

Après ces réflexions préliminaires, qui m'ont paru essentielles dans les circonstances présentes, je vais entrer dans la discussion géographique des principales Parties de l'Amérique Septentrionale, renfermées entre le 28 & le 72ᵉ dégré de Latitude, & pour le faire avec quelqu'ordre, je diviserai cette grande étendue de Pays en six Parties principales, en commençant par le Nord, & suivant vers le Sud, ordre affez naturel en Géographie, ce qui forme autant d'articles différens.

1°. La Baie de Hudson, & les Pays voisins.

2°. La nouvelle France, ou le Canada.

3°. Les Côtes Orientales de l'Amérique, depuis l'Acadie jusqu'à la Floride, contenant les Pays poffédés par les Anglois, entre les Montagnes des Apalaches & l'Ocean.

4°. La Floride.

5°. La Louisiane.

6°. Le nouveau Mexique, & Pays voisins.

ARTICLE PREMIER.

La Baie de Hudson, & les Pays voisins.

LA Baie de Hudson & les Pays voisins font une grande étendue de Côtes, renfermée entre le 67 & le 51ᵉ. dégré de Latitude Septentrionale.

On communique à ces Côtes par un Détroit qui porte le nom de Hudson. On varie sur sa longueur. Sa largeur est de 30 à 40 lieues plus ou moins, suivant le giffement des Terres.

Ce Détroit fut découvert en 1610, par Henri Hudson, Anglois, au service de la Hollande. Hudson périt dans ce Voyage, enforte qu'on ne fait rien de positif de ce qu'il y fit. Il est seulement certain qu'il ne pénétra pas bien avant au-delà du Détroit.

On voit, sur quelques Cartes, qu'en 1619 Jean Munck, Danois, passa le Détroit de Hudson, & alla aborder à l'Ouest sur la Côte opposée ; qu'il y mouilla à l'entrée d'une riviere par les 59 dégrés de Latitude, à laquelle il donna le nom de Riviere Danoise, la même qui s'appelle aujourd'hui la Riviere de Churchill. Mais suivant les Relations qui parlent du Voyage de Jean Munck, il paroit qu'il faut chercher dans le Détroit de Davis, la Riviere où il mouilla, & que ce Marin n'a pas entré dans le Détroit de Hudson.

Les Capitaines Thomas Button en 1612, Lux Fox & James en 1631, pafferent le Détroit pour chercher de ce côté, un paffage aux Indes. Button découvrit la Grande Baie qui porte fon nom, & dans laquelle eft fitué le Port Nelfon. James acheva la découverte de la Baie, à l'entrée de laquelle Hudfon hiverna.

Le premier qui alla dans ces Mers avec des vûes d'établiffement fut le fieur Bourdon habitant de la Nouvelle France. Le Gouverneur Général l'y envoya en 1656 pour en prendre poffeffion au nom du Roi Très Chrétien.

Ce ne fut qu'en 1667 que les Anglois commencerent à s'établir dans la Baie de Hudfon, conduits par deux (3) Transfuges François. Cette Entreprife, qui étoit une invafion, excita les plaintes les plus vives de la part de la France. L'Angleterre ne s'étant pas mife en peine de les redreffer, les François en 1682 voulurent s'emparer du Fort Robert & des Poftes Anglois. L'Armement que firent des Négotians de Quebek, pour cet effet, ne fe trouvant pas affez fort, ils furent former un établiffement dans une Ance où fe déchargent deux Rivieres qu'ils nom-

(3) Desgrofeillers & Radiffon, inftruits, par différens Voyages qu'ils avoient faits au Nord de Quebec & par les Relations des Sauvages, de la proximité de la Baie de Hudfon, & de la facilité d'y faire un établiffement, le propoferent; mais leur projet ne fut pas gouté, il fut même traité de chimérique : ce qui les fit s'adreffer aux Anglois qui en profiterent, & les chargerent de la conduite & de l'exécution. Ils bâtirent le Fort Rupert, (en François Robert) à l'embouchure de la Riviere de Nemifcau, qui fait la communication du Lac des Miftaffins avec le fond de la Baie de Hudfon, de forte que cet établiffement n'étoit qu'à cent lieues de Quebek.

merent l'une Riviere de Bourbon (4), & l'autre Riviere fainte Therèfe, & que les Anglois appellent aujourd'hui le Port Nelfon.

Defgrofeillers, qui étoit rentré au fervice de fa Patrie, bâtit un Fort fur la Riviere fainte Therèfe, dont les Anglois s'emparerent en 1685 deux années après.

En 1686 les François, plus heureux, enleverent aux Anglois tous les établiffemens qu'ils avoient dans la Baie : il ne refta à ces derniers que le Port Nelfon dans les Mers au-delà du Détroit. Enfin, fans entrer dans le détail des entreprifes des Anglois & des François, & de leurs différens fuccès, il fuffit d'obferver que la France leur a cédé cette Baie par le Traité d'Utrecht.

Voilà un précis exact & fidele de ce qui s'eft paffé depuis la découverte de Hudfon, il refte à donner une idée des établiffemens que les Anglois ont aujourd'hui fur ces Côtes. On en compte fept ; à cinq defquels il y a des Forts ; favoir, le Fort du Prince de Galles, le Fort d'Yorck, la Factorie de Flambourough, celle de Henley, le Fort Albani, le Fort Moofe & le Fort de Rupert.

1°. *Le Fort du Prince de Galles*, par la Latitude de 58 dégrés 56 minutes, & par les 97 (5)

---

(4) Le nom de Riviere de Bourbon lui avoit été donné dès 1675, par un Navire François qui avoit hiverné à fon embouchure.

(5) Suivant les obfervations du Capitaine Midleton en 1743, rapportées par M. Green. Mais fur les mêmes obfervations, M. Delifle a conclu cette longitude de 97 dégrés 10 minutes & demie à l'Occident de Paris, en comparant l'émerfion du premier Satellite de Jupiter qu'il avoit obfervée à Peterfbourg le 28 Mars 1742, avec celle obfervée trois jours après au Fort Churchill par le Capitaine Midleton le 31 Mars 1742.

degrés 15 minutes de Longitude occidentale du Méridien de Paris, eſt ſitué dans une petite Iſle à l'embouchure de la Riviere de Churchill, qui a porté pendant long-temps, comme on le voit dans les Cartes, le nom de Riviere de Munck, ou Riviere Danoiſe, & que les Anglois ont changé depuis quelques années en celui de Churchill. Les Navires peuvent hyverner dans ce Port, en prenant des précautions pour leur ſûreté & pour celle des Equipages, car l'hyver y eſt très long & des plus rigoureux; les terres y ſont incultes, mais couvertes de bois qui ne ſont pas de ſi belle qualité que quelques Relations le diſent: la pêche & la chaſſe ſont les ſeules reſſources qu'on tire du Pays, encore manquent-elles ſouvent; & il n'y a que le commerce des Pelleteries, que l'on fait avec les Sauvages qui viennent de l'intérieur des terres, qui puiſſe engager à ſoutenir cet Etabliſſement.

2°. *Le Fort d'York*, éloigné d'environ 60 lieues par Mer de celui du Prince de Galles, eſt ſitué par la Latitude de 57 degrés trente minutes, & par les 95 dégrés (6) 40 minutes de Longitude occidentale du Méridien de Paris. Ce Fort eſt placé ſur la Pointe ſeptentrionale d'une Iſle à laquelle on donne plus de 60 lieues de long ſur 7 à 8 de large, & qui fait la ſéparation de deux Rivieres, celle de Nelſon du côté

(6) Il eſt bon de remarquer que M. Green cite cette obſervation comme ayant été faite par Meſſieurs Ellis & Smith en 1747; mais dans le Voyage de M. Ellis (Traduction françoiſe, Tome II pag. 136) il eſt dit, le Fort d'York ſitué par 57 dégrés 20 minutes de latitude, & à 93 dégrés 58 minutes de longitude (c'eſt 96 dégrés 23 minutes de celui de Paris), l'ayant moi-même déterminée par des obſervations très exactes que je fis ſur l'Eclipſe de Lune du 14 Février 1747. Ceci ne s'accorde pas avec la citation de M. Green; j'ignore ſur qui tombe l'erreur, y ayant 43 minutes de différence entre ces deux longitudes, pour le même endroit.

du

du Nord, & celle de Hay du côté du Sud; la premiere a porté long-tems le nom de Riviere de Bourbon, & la feconde celui de Sainte Therèfe : c'eft
fur cette derniere que les François s'établirent en
1682, comme nous l'avons dit ci-devant. En remontant la Riviere de Hay, & à 40 lieues de fon embouchure, les Anglois ont une Factorie qu'ils appellent Flambourough, placée dans une petite Ifle;
mais le mouillage des Navires eft en-dedans de la
Riviere de Nelfon, proche le Fort d'York, ce qu'ils
appellent le Port Nelfon. La Riviere de Bourbon ôu
de Nelfon vient de fort loin dans les Terres, & communique avec un grand Lac, fur lequel nous avons un
Etabliffement, & dont nous parlerons à l'article de
la nouvelle France : depuis le Fort d'York, jufqu'à
celui d'Albany, il y a plus de deux cens lieues de
Côtes entiérement défertes & inhabitées, fçavoir
140 lieues jufqu'au Cap Henriette-Marie, & 60 lieues
de ce Cap à Albany : entre le Port de Nelfon & le
Cap Henriette-Marie, on trouve une Riviere affez confidérable, que les François avoient nommée Riviere des
Saintes Huiles; les Anglois ont changé ce nom en
celui de New Severn, ils ont eu un Etabliffement à
fon embouchure, mais il eft détruit aujourd'hui.

3°. *Le Fort Albany.* Cet Etabliffement eft le plus
confidérable que les Anglois aient dans la Baie, le
Fort eft bon, & en état de défenfe; il eft fitué dans
une petite Ifle à l'embouchure d'une Riviere affez
confidérable, qui porte aujourd'hui le nom d'Albany.

Les Sauvages, lorfque les François s'y établirent,
l'appelloient Quitchide Chouen, nous lui donnâmes
le nom de Sainte Anne, auffi-bien qu'au Fort, & ces

noms ont fubfifté long-tems , & fe trouvent dans les anciennes Cartes. Cette Riviere fort d'un Lac qui portoit le même nom , & fur le bord duquel nous avions un Pofte , nommé Saint Germain ; les Anglois ont établi une Factorie à cet endroit, & l'appellent Henley ; mais c'eft peu de chofe.

4°. *Le Fort de Moofe* , fitué au fond de la Baie de Hudfon , à quarante lieues au Sud de celui d'Albany ; il a porté les noms de Monfipy ou Monfony , & pendant longtems celui de Saint Louis , auffi-bien que la Riviere à l'embouchure de laquelle il eft bâti fur une petite Ifle : cette Riviere de Saint Louis, aujourd'hui de Moofe , vient du Sud , & fon cours n'eft pas fort étendu ; fes fources ne font pas à trente lieues de la Baie de Hudfon , & font voifines du Lac des Abitibis , dont il n'y a qu'un portage peu confidérable jufqu'à cette Riviere.

La Riviere de Moofe n'eft pas la feule qui fe décharge dans la Baie , à l'entrée de laquelle on a bâti le Fort Moofe ; on trouve fur la Côte Occidentale de cette Baie la Riviere de Perré, qui court du Couchant à l'Orient, & qui communique avec le Lac Alimipegon , éloigné du Fort de Moofe d'environ cent lieues ; elle porte le nom d'un Habitant du Canada qui vint dans la Baie de Hudfon par cette Riviere.

5°. *Le Fort Rupert* (en François Robert) eft fitué fur la Côte Orientale de la Baie de Hudfon, à environ vingt lieues du Fort de Moofe ; il eft bâti près de l'embouchure d'une Riviere qui porte le nom de Rupert & de Nemifcau : cette Riviere qui fait beaucoup de finuofité, fort d'un petit Lac qu'on appelle Lac de Nemifcau , éloigné de vingt petites lieues au plus de la Baïe, en ligne directe, mais infiniment plus en suivant le cours de la Riviere ; du même Lac cette Riviere de Nemiscau communique avec le grand Lac des Mistassins, & la distance de l'un à l'autre n'est pas de trente lieues, quoique le chemin soit beaucoup plus long, à cause des contours & des petits Lacs qu'elle forme dans cet espace.

A 10 lieues au Nord de la Riviere Rupert, les Anglois ont eu une Factorie au fond d'une petite Ance dans laquelle se décharge un bras de la Riviere de Slude ; mais elle est abandonnée aujour-d'hui.

En remontant le long de la Côte Orientale, à 100 lieues au Nord du Fort Rupert, leur derniere Carte marque un établissement auquel elle donne le nom de Fort de Richemont : j'ignore s'il a jamais existé ; car il faut être extrêmement en garde contre leurs Cartes (7), ce qu'il y de certain, c'est qu'il est abandonné.

Le fond de la Baie de Hudson, entre le 51 & le 52ᵉ dégré de latitude, est rempli de plusieurs petites Isles dont une des plus considérables est celle de *Charlton*. Les Observations Astronomiques que M. Green dit y avoir été faites, & qu'il donne à M. James en 1732, me l'ont fait placer par 52 dégrés 3 minutes de Latitude, & par les 82 dégrés 30 minutes de Longitude Occidentale.

(7) J'ai remarqué dans plusieurs Cartes Angloises, & surtout dans celles nouvellement publiées, que les Géographes pour se rendre agréables à la Nation, marquoient des Postes & des Etablissemens, où l'on sait très certainement qu'ils n'en ont jamais eu, comme je le démontrerai dans la suite de ces Remarques.

Le reſte des Côtes ne mérite aucune deſcription particuliere, l'inſpection de la Carte ſuffit pour en donner les connoiſſances néceſſaires ; cependant je ne puis me diſpenſer de dire un mot ſur les tentatives que les Anglois ont renouvellées dans ces derniers temps pour chercher un paſſage à la Mer du Sud par le Nord-Oueſt.

Ce projet les a beaucoup occupés au commencement & vers le milieu du ſiecle dernier, & quoique les armemens divers, qu'ils ont faits dans la vûe de trouver ce paſſage, n'aient pas réuſſi, la Géographie y a beaucoup gagné ; mais rebutés par leur peu de ſuccès, ce projet a été près de 80 ans abandonné, & il n'y a gueres que 14 années qu'il s'eſt renouvellé. Le Capitaine Midleton a parcouru en 1742 les Côtes depuis la Riviere de Churchill juſqu'au ſoixante-ſeptieme dégré. C'eſt lui qui a reconnu les Grandes Baies de Wager & de Repulſe, auſſi bien que du Détroit Frozen ; ce qui nous a fait connoître une Iſle de 125 lieues de longueur que l'on croyoit tenir au continent, parcequ'on n'en avoit vû que la Partie du Sud. Le Voyage du Capitaine Smith (8) en 1747, nous a produit des obſervations encore plus détaillées ſur toutes ces Parties : je me ſuis conformé aux Relations qui en ont été publiées ; dans leſquelles cependant on ne trouve aucunes preuves de ce préten-

---

(8) Une remarque qu'il eſt bon de faire, c'eſt que dans la Carte qui eſt jointe à la Relation du Voyage de M. Ellis en 1747, poſtérieure de ſix années à celle de Midleton, le Détroit de Frozen n'y eſt pas marqué, & elle fait de cette grande Iſle une preſqu'Iſle, tenant au Continent de l'Amérique par ſa partie du Nord. Que d'erreurs dans les Cartes, même dans celles qu'on pourroit croire les meilleures ! Preſque tous les Géographes François écrivent le Détroit de *Erozen*, c'eſt *Frozen*, qui en Anglois ſignifie *Gelé*.

du paffage ; & malgré tous les efforts qu'ils font pour en démontrer la réalité, je ne crains point de dire qu'ils ne m'ont point convaincu : je fais plus, j'ofe affurer que dans toutes les Parties qu'ils ont parcourues, il n'y a aucune communication avec la Mer, qui en eft à l'Oueft, plus ou moins éloignée & c'eft ce plus ou moins de diftance qu'on ignore, & fur quoi ma Carte peut fixer les idées & les connoiffances actuelles, malgré les inutiles efforts que d'habiles Géographes modernes ont faits pour l'établir, & dont j'aurai occafion de parler dans la fuite.

Pour finir ce premier article, il ne me refte qu'à dire un mot fur le Détroit de Davis, & fur le Groenland.

Le Détroit de Davis eft formé par les Côtes Occidentales du Groenland, & par quelques grandes Ifles très peu connues, fituées au Nord du Détroit de Hudfon, dont la principale eft l'Ifle James. Ce Détroit qui conduit dans la Baie de Baffins, a été découvert en 1585 par Jean Davis, Anglois ; il a environ 200 lieues de long fur 40 à 50 de large.

Dans la Partie du Sud de ce Détroit on trouve la Baie de Cumberlan, dont le fond eft rempli d'Ifles, au-delà defquelles on ne connoît plus rien ; mais il y a tout lieu de croire que ce qu'on appelle la Baie de Cumberlan, eft un Détroit qui communique avec celle de Baffins.

C'eft ici la place de répondre à ce que Monfieur Green avance dans le Mémoire publié en 1753, avec fa Carte de l'Amérique, fur la maniere dont on doit placer le Mont Raleigh, fitué dans le Détroit de Davis, & repréfenté très mal par tous les Géographes qui (dit-il) n'ont pas bien fuivi le Voyageur ; en quoi il a raifon ; mais l'a-t-il fuivi lui-même ? & l'a-t-il bien entendu ? C'eft ce qu'on va voir. *J'ai placé (dit Monfieur Green) le Mont Raleigh conformément à la Relation du premier Voyage du Navigateur, à 66 dé-grés 40 minutes, Monfieur Bellin à 68 dégrés, &c.* Voyons le rapport de Davis : *Le 6 du mois d'Août 1685,* (9) *on fe trouva à la hauteur de 66 dégrés 40 minutes, dans un endroit où il n'y avoit plus de glace ; le lende-main on apperçut une Montagne près de laquelle on abor-da, & elle fut nommée la Montagne de Raleigh.* Il eft clair que pour avoir la Latitude du Mont Ra-leigh, il faut joindre à la Latitude obfervée le 6 à mi-di, le chemin qu'il a fait jufqu'au lendemain 7, qu'il eut connoiffance de cette Montagne ; & comme fa route étoit au Nord, comme on le voit par la fuite, le moins qu'on peut ajouter pour le chemin pendant les 24 heures étant de 20 ou 25 lieues, il s'enfuit que le Mont Raleigh doit être environ par les 68 dégrés, quelques minutes plus ou moins. Si cette combinaifon avoit befoin de preuves, on les trouve-roit dans les deux autres Voyages de Davis; car dans le fecond (10) il n'a été qu'à la hauteur de 66 dé-grés, d'où il a fait route pour le Sud ; ainfi il n'a eu aucune connoiffance du Mont Raleigh ; mais dans fon troifiéme (11) en 1587, s'étant élevé jufqu'au

(9) Hakluit, Vol. 3 pag. 98.
(10) Page 103.
(11) Page 111. Il eft bon de remarquer que dans les Relations de cés Voyages, il y a des endroits très obfcurs & des contradictions très fortes, & que M. Green, pour en faire l'ufage qu'il prétend, fuppofe des correc-tions fingulieres, telles que 65 dégrés de latitude, au lieu de 67 dégrés qu'on y rrouve. D'ailleurs j'expofe mon fentiment fur une chofe obfcure & douteufe, toujours prêt à me rendre à la vérité dès qu'elle paroîtra.

foixante-

foixante-feptiéme dégré 40 minutes entre la Côte de
Groenland & celle où eft fitué le Mont Raleigh, ne
voyant point de terre, il courut 40 lieues marines à
l'Oueft, d'où il revint au Sud fans en avoir eu de
connoiffance, ce qui ne pouvoit lui manquer fi le
Mont Raleigh avoit été par les 67 dégrés 40 minutes, comme le prétend Monfieur Green. Ceci doit
prouver avec quelle attention on doit faire ufage des
remarques des Navigateurs, & ne pas s'en tenir au
premier coup d'œil; & quoique Monfieur Green nous
ait critiqué un peu durement fur cette pofition, nous
ne prétendons ici que juftifier notre travail, en ren-
dant au fien la juftice qui lui eft due d'ailleurs.

Le Groenland eft un vafte Pays dont nous ne con-
noiffons aujourd'hui que la partie Méridionale & les
Côtes Occidentales, depuis le Cap Farawel par les
59 dégrés 30 minutes de Latitude, jufqu'au foixante-feptiéme dégré, ne connoiffant pas plus loin fon
étendue vers le Nord.

On prétend qu'il a été découvert (12) au commencement du neuviéme fiécle; ce qu'il y a de certain, c'eft qu'en l'année 834 ce Païs étoit connu (13),
& que l'on avoit commencé à y prêcher la Religion
Chrétienne : s'étant beaucoup peuplé par la fuite,
il fut divifé en Groenland Oriental & Groenland

(12) On affure qu'un Gentilhomme Norwegien, nommé Eric le Rouf-
feau, qui s'étoit retiré dans l'Iflande avec fon Pere, Forwalde étant
obligé de quitter cette Ifle pour un meurtre, s'embarqua & fit route à
l'Oueft pour fe retirer dans des Terres, dont on avoit en Iflande quelques idées fort vagues fur les Relations d'un Navigateur ; il y aborda
heureufement & y forma le premier Etabliffement.

(13) Dans un Diplôme de Louis le Débonnaire, daté d'Aix-la-Cha-
pelle l'an 834, pour la fondation de l'Archevêché de Hambourg, le
Groenland eft mis au nombre des Pays où la Foi avoit été portée.

Occidental; il s'y forma plusieurs Villes, dont on voit encore aujourd'hui quelques vestiges, & dont on trouve le détail dans la Chronique Islandoise. En 1256 ce Païs se révolta contre le Roi de Norwege, & fut soumis en 1261 ; mais en 1341 une grande peste, appellée la Peste noire, ravagea le Nord, & beaucoup de ces Peuples y périrent, le Commerce du Groenland fut interrompu, & se perdit. En 1406 on y envoya, mais on n'eut aucune nouvelle de ceux qui furent chargés d'y passer : on fit en différens tems d'autres entreprises pour retrouver ces Pays, sans aucun succès, de sorte que l'ancien Groenland est perdu aujourd'hui pour les Européens : on seroit presque tenté de croire que ce Pays n'existe plus, si un habile Navigateur (14) employé à cette recherche, n'avoit assuré que dans un Voyage il avoit été assez heureux pour l'approcher à deux lieues ; mais que ses efforts pour y aborder avoient été inutiles, à cause des glaces qui entouroient la Côte, & il eut toutes les peines du monde à se débarrasser des glaces flotantes, & à regagner la pleine Mer.

A l'égard de la Côte Occidentale, qu'on appelle nouveau Groenland, elle est fréquentée par les Danois & les Hollandois, qui vont faire la pêche de la Baleine dans le Détroit de Davis ; les premiers y formerent un Etablissement en 1721, par les 64 dégrés de Latitude ; cette Colonie ne réussit pas, on ne put fixer les Naturels du Pays qui font accoutumés à une vie errante & misérable, & faute d'entendre leur langue, on ne put les attirer à la Religion Chrétienne,

(14) Magnus Heiningssem, envoyé par Frédéric second, Roi de Dannemark, à la Découverte du Groenland.

comme on l'avoit projetté. En 1723, le Dannemark envoya une seconde Colonie, qui s'établit par les 67 dégrés, environ 60 lieues plus haut dans le Détroit de Davis, que le premier Etablissement ; mais cette derniere n'eut pas un meilleur succès. Ainsi les Européens n'y ont plus d'Etablissemens ; & il y a tout lieu de croire que la rigueur de l'hiver qui y est très long, les glaces qui ferment long-tems les entrées des Ports, le peu de commerce qu'on peut faire avec les Naturels, n'engageront point les Européens à aller y en former de nouveaux.

A l'égard du Cap Farawel & des Détroits de Frobisher, on sait que ce Cap est la Pointe du Sud de quelques Isles, qui ne sont séparées de la Partie Méridionale du Groenland que par des bras de Mer peu considérables, dans lesquels ce Navigateur s'engagea, lors de ses trois Voyages en 1576, 1577 & 1578, pour chercher un passage à la Chine & au Japon par la Mer glaciale. Plusieurs Géographes ont en conséquence placé trois Détroits considérables dans cette Partie, les uns au-dessus des autres ; mais il faut convenir que les Relations qui nous restent des trois Navigations de Frobisher, sont très obscures & très imparfaites, & par conséquent susceptibles de différentes combinaisons & de conjectures : ainsi lorsqu'on leur oppose des observations posterieures portant un caractere (15) de vérité, on ne doit point

(15) M. Egede, Missionnaire Danois, qui avoit passé en 1721 dans le Groenland, & qui y a résidé plusieurs années, a fait plusieurs Voyages fort avant dans les Terres pour la recherche de ces Détroits, dont il n'a pu avoir aucunes connoissances ; il n'en a même rien appris des Naturels du Pays, avec lesquels il a cherché toutes les occasions de s'en instruire.

* C ij

balancer à fe réformer. C'eft ce qui m'a engagé à fup-
primer ces trois Détroits ; & comme on ne peut ôter
aux obfervations de Frobisher un certain dégré de
vérité, c'eft au Géographe à favoir concilier le
tout, & en rendre compte dans le befoin : ce qui me
feroit aifé s'il en étoit queftion, fans trop donner
dans les conjectures, & fans fuivre le fentiment de
Monfieur Green fur cet article ; mais cette difcuffion
me jetteroit trop loin.

ARTICLE II.

La Nouvelle France, *ou le* Canada.

LE Canada eft un grand Pays découvert (16) &
poffedé depuis plus de deux fiecles par les François.
On lui donne également le nom de Nouvelle
France.

Pour donner une jufte idée de fon état, tel qu'il

(16) La découverte du Canada & de fes diverfes Parties, ne peut
leur être contestée, étant établie fur des titres auxquels on ne peut rien
oppofer, au lieu que les nouvelles prétentions des Anglois fur ces
Pays, n'ont aucun fondement ; c'eft en vain qu'ils cherchent à s'appuyer fur le Voyage que Jean Cabot, Vénitien, entreprit en 1497 à fes
dépens, & mit Pavillon d'Angleterre, pour chercher un paffage à la
Chine & au Japon par le Nord-Oueft. Ce Navigateur vit en paffant
les Côtes Orientales de l'Ifle de Terre neuve, & quelques Parties du
Continent voifin, mais il ne débarqua en aucun endroit de l'Ifle ni
du Continent, & les Anglois ne peuvent rien montrer qui puiffe le
prouver ; au lieu que toute l'Europe fait que dès l'année 1504, & même de tems immémorial, des Pêcheurs Bafques, Normands & Bre-
tons, faifoient la pêche de la Morue fur le grand Banc & le long des
Côtes de Terre neuve, & qu'ils avoient un Etabliffement pour la pêche au Cap de Rafe ; on fait encore qu'en 1506 un Habitant de Hon-
fleur, nommé Jean Denis, avoit tracé une Carte du Golfe, qui porte au-

étoit poſſedé par les François au commencement de ce ſiecle, il faut le diviſer en Partie Orientale & Partie Occidentale.

La Partie Orientale comprend l'Iſle de Terre neuve (17), les Terres de Labrador ou Nouvelle Bretagne, le Golfe S. Laurent, le Fleuve de ce nom dans toute l'étendue de ſon cours, depuis ſon embouchure juſqu'au Lac Ontario, la Gaſpeſie, le Pays des Etchemins, & l'Acadie (18).

La Partie Occidentale contient ces grands Lacs connus aujourd'hui ſous les noms de Lac Ontario, Lac Erié, Lac Huron, Lac Supérieur & Lac Michigan, avec les Pays qui en ſont au Nord & au Sud, juſqu'aux Montagnes des Apalaches, les cours des Rivieres d'Ohio, d'Ouabache & des Ilinois, juſqu'au Fleuve Miſſiſſipy ; enfin les Terres qui ſont à

jourd'hui le nom de Saint Laurent ; enfin en 1508 un Pilote Dieppois, nommé Thomas Aubert, amena en France des Sauvages du Canada. Depuis ce tems juſqu'en 1534, les François firent différens Voyages aux Côtes de Terre neuve & dans le Golfe, traitant avec les Sauvages. Mais en 1534, Jacques Cartier fut prendre poſſeſſion de ces Pays pour le Roi de France. Alors les Anglois n'avoient pas encore mis le pied dans cette Partie de l'Amérique, à-peine en avoient-ils la connoiſſance, & ce ne fut qu'en 1583 que le Chevalier Humfrey Gilbert fit la vaine cérémonie de prendre poſſeſſion, au nom de la Reine Elizabeth d'Angleterre, des Côtes orientales de l'Iſle de Terre-neuve ſeulement, ſans y faire aucun Etabliſſement. On ſait encore qu'en mil cinq cent vingt-cinq Jean Verazani, chargé par François Premier de continuer les découvertes de l'Amérique, commencées par les François, en parcourut les Côtes depuis le 34ᵉ dégré de latitude juſqu'au 50ᵉ dégré ; on en trouve la preuve dans les Lettres que ce Navigateur écrivit au Roi à ſon retour.

(17) Elle a été cédée aux Anglois par le Traité d'Utrecht en 1713, avec réſerve.

(18) Cédée auſſi aux Anglois par le même Traité.

l'Oueft, comme le Lac des Bois, celui de Gouyni-
pique, le Lac Bourbon, celui des Prairies &c,
avec les Poftes que nous y avons établis.

Partie Orientale du Canada.

Terre neuve eft une très grande Ifle, de forme
triangulaire, dont la bafe eft au Midi & la pointe vers
le Nord ; elle a environ 100 lieues communes de France de l'Eft à l'Oueft, à prendre depuis le Cap de Raze
jufqu'au Cap de Ray, & 125 lieues au moins du Nord
au Sud, depuis le Cap de Grat jufqu'au Cap de Raze.
Ce Cap eft fitué par la Latitude (19) de quarante-
fix dégrés trente-quatre minutes, & par les cinquante - cinq dégrés vingt-cinq minutes à l'Occident
du Méridien de Paris. Dix - fept à dix-huit lieues
à l'Oueft-Nord-Oueft de ce Cap, on trouve celui de
Ste Marie, qui fait l'entrée de la Baie de Plaifance
du côté de l'Eft. Cette Baie a 16 lieues de large fur
20 au moins de profondeur. Vers le fond de la Baie,
on trouve le Port de Plaifance, qui eft bon ; il peut
contenir 150 Vaiffeaux : il eft défendu par un Fort
que les François y ont conftruit, & auquel ils avoient
donné le nom de St. Louis : depuis qu'il a été cédé
aux Anglois, ils y ont ajouté quelques batteries pour
défendre l'entrée du Port. On trouve dans la Baie de

(19) Cette Latitude a été obfervée à Terre, en mil fept cent cinquante, par M. de Chabert, Officier des Vaiffeaux du Roi, & dont il a fait
part au Public dans un Volume *in-4° de l'Imprimerie royale* 1753, qui a
pour titre, *Voyage fait par ordre du Roi en 1750 & 1751, dans l'Amérique feptentrionale.*

Plaifance plufieurs autres Ports où les Navires Pêcheurs peuvent fe retirer, comme Audierne, Penne-
marck, la Saumoniere, les Corbins, les Burins, le
grand & le petit S. Laurent, & quelques autres.

Entre la Baie de Plaifance & le Cap de Raye, on
trouve deux autres Baies confidérables & qui s'en-
foncent affez avant dans les terres, favoir la Baie de
Fortune & celle du Défefpoir, peu fréquentées, &
où il n'y a jamais eu d'Etabliffemens.

Le Cap de Raye eft la Pointe la plus Occidentale
de l'Ifle de Terre neuve, je l'ai placé par les 47 dégrés 41 minutes de Latitude (20) & par les 61 dégrés 20 minutes de Longitude Occidentale. Ce Cap
fait, avec l'Ifle S. Paul, dont il n'eft éloigné que de
14 à 15 lieues, l'entrée du Golfe S. Laurent; & pour
y entrer, on paffe à la vûe de l'un ou de l'autre.

Du Cap de Raye jufqu'à la Pointe Riche, on
compte environ 80 lieues : on trouve entre deux plufieurs Baies & Ports où les Vaiffeaux peuvent mouiller; les principales font la Baie S. Georges, la Baie
des trois Ifles, la bonne Baie, la Baie S. Paul & le
Havre de Higournache.

Depuis la Pointe Riche jufqu'au Cap de Grat, le
plus Septentrional de l'Ifle de Terre neuve, la Côte
s'étend vers le Nord-Oueft environ 40 lieues. Dans
cet efpace il y a plufieurs Havres bons pour la pêche;
cette Côte forme la Partie du Sud du Détroit de Belle-Ifle. J'ai placé le Cap de Grat par la Latitude de
51 dégrés 20 minutes, & par les 55 dégrés 40 minutes de Longitude, fur une fuite d'Obfervations &

(20) Cette Latitude a été obfervée par M. de Chabert cité dans la
note précédente.

de Remarques (21) faites par d'habiles Navigateurs.

Du Cap de Grat la Côte court au Sud près de 50 lieues, & forme plufieurs Ances & Baies très propres pour contenir plufieurs Navires Pêcheurs, dont prefque tous portent des noms François, comme le Griguet, Baie S. Lunaire, Baie S. Meen, grand & petit S. Julien, Grois, Belle-Ifle, Carouge, Touliguet : les Anglois en ont changé quelques-uns dans leurs nouvelles Cartes.

Le refte de la Côte Orientale de Terre neuve, depuis le Cap de Bonavifta jufqu'au Cap de Raze, eft rempli de Ports & de Baies, parmi lefquelles on en remarque deux très confidérables, celle de la Trinité & celle de la (22) Conception : proche la Baie de la Conception les Anglois ont le Havre (23) Saint Jean, qui eft très bon & bien fortifié ; l'entrée eft un Goulet étroit d'environ 125 toifes de large, fermé par une chaîne & défendu par plufieurs batteries. Le

(21) Voyez les Remarques que j'ai publiées en 1754, fur la Carte en deux feüilles du Golfe de Saint Laurent, dreffée au Dépôt des Plans de la Marine pour le fervice des Vaiffeaux du Roi, par ordre de M. Rouillé, Miniftre & Secrétaire d'Etat, ayant le Département de la Marine.

(22) Ce nom leur a été donné par Gafpard Cortereal, Gentilhomme Portugais, qui en 1500 vifita toute la Côte Orientale de Terre neuve, mettant pied à terre dans plufieurs endroits, leur impofant des noms, dont plufieurs fubfiftent encore.

(23) En 1610 Jean Gui de Briftol fit un Etabliffement dans la Baie de la Conception qui fut enfuite tranfporté à Saint Jean, c'eft là l'époque des Etabliffemens Anglois, qu'ils ont étendus depuis dans plufieurs endroits de la Côte Orientale, en s'avançant vers le Cap de Raze ; mais ils n'en ont jamais eu dans la Partie du Nord de l'Ifle, fréquentée par les François feuls, & dont ils ont confervé la propriété jufqu'au Traité d'Utrecht, qu'ils ont cédé toute l'Ifle aux Anglois, fe réfervant néanmoins par ce même Traité le droit de faire la pêche & de fecher leurs poiffons le long des Côtes, & dans les Ports & Havres du Nord, depuis le Cap de Bonavifta jufqu'à la Pointe Riche, & d'y bâtir les Cabanes & Echaffauts néceffaires.

refte

reſte de la Côte eſt, dit-on, très peuplé, & ſuivant les Auteurs Anglois, l'on compte quatre à cinq mille Habitans répandus dans les différens Ports, entre S. Jean & le Cap de Raze, avec pluſieurs petits Forts, dont un des principaux eſt le Feryland, établi en 1662 par le Chevalier Georges Calvert.

L'Iſle de Terre neuve a été, comme on le voit, long-tems partagée entre les Anglois & les François; ces derniers poſſedoient toute la Partie du Sud & celle du Nord, les autres n'étoient établis que dans la Partie Orientale. Il eſt étonnant que les Auteurs Anglois, qui ont donné des Deſcriptions aſſez étendues de leurs Etabliſſemens dans cette Iſle, n'aient fait aucune mention des Colonies Françoiſes qui ont ſubſiſté juſqu'à la paix d'Utrecht.

On ne connoît de l'Iſle de Terre neuve que les Côtes; le peu qu'on a pénétré dans l'intérieur du Pays laiſſe encore douter ſi le terrein en eſt bon & fertile: il ne paroît pas même que lors de la découverte, on y ait trouvé aucuns Habitans naturels, les ſeuls qu'on y a vus étoient des Eskimaux, qui y venoient du Continent chaſſer & faire la pêche.

Le climat de cette Iſle eſt aſſez ſain quoique froid, & les Parties Méridionales ſont ſujettes à beaucoup de brouillards; l'intérieur eſt rempli de Montagnes, & tout couvert de bois, en général de fort médiocre qualité: la chaſſe y eſt difficile & peu profitable, le gibier conſiſte en Liévres, Renards, Porcs - épics, Ecureuils, Loutres, Caſtors, Loups & Ours; quantité d'Oiſeaux d'eau & de terre, comme Perdrix ou Gelinotes, Faucons, Oies, Canards, Pingouins, &c. On trouve auſſi dans les Baies ou dans les Rivieres,

D

plufieurs fortes de Poiffons, comme Saumons, Anguilles, Harengs, Maquereaux, Plies, Truites, &c. Il y a auffi toutes fortes de Coquillages. On ignore s'il y a quelques métaux ou minéraux dans les Montagnes.

Au Nord de l'Ifle de Terre neuve, on trouve le Détroit de Belle-Ifle, qui fait une des entrées du Golfe S. Laurent; ce Détroit a au moins 40 lieues de long fur 10 à 12 de large. Au Nord du Détroit de Belle-Ifle font les Côtes de Labrador, grand & vafte Pays, que les François avoient nommé anciennement nouvelle Bretagne; mais le nom de Labrador (qui veut dire Terre du Laboureur), qu'on prétend lui avoir été donné par les Efpagnols, a prévalu. Les François ont feuls droit fur ces Pays, puifqu'ils l'ont découvert en même tems que le Golfe Saint Laurent dont il fait partie, & que dès les premiers tems ils ont commercé & qu'ils y commercent encore feuls avec les Naturels du Pays. A la Côte Orientale de ce Pays, on trouve la grande Baie des Efquimaux, fituée par les 55 dégrés 30 minutes de Latitude, concédée aux Habitans de Quebec par le Gouverneur du Canada; cette Baie eft très grande & très profonde, femée de beaucoup d'Ifles à fon entrée, & s'enfonçant dans les Terres plus de 40 lieues. Le fieur Joliet, qui fut envoyé en 1694 par M. de Frontenac, Gouverneur du Canada, pour vifiter la Côte de Labrador, la nomma Baie S. Louis; il y trouva parmi les Sauvages qui vinrent faire la traite avec lui, des veftiges fort anciens de commerce fait avec des Vaiffeaux François, & nous avons continué depuis de fréquenter cette Baie & d'y faire le commerce. Les Peuples qui habitent cette Contrée font connus fous le nom géhéral des Efquimaux , ils font errans & vagabonds & très fauvages : le commerce qu'on fait avec eux confif-te en peaux de Loups marins & quelques Pelleteries.

Le Cap Charles fait la Pointe la plus Orientale de Labrador , & forme l'entrée du Golfe de Saint Lau-rent du côté du Nord ; il eft fitué par les 52° degrés 4 minutes de Latitude , & par les 55 degrés 40 mi-nutes de Longitude. Depuis ce Cap en allant à l'Oueft-Sud-Oueft , jufqu'à la Riviere Saint Auguftin (autre-ment Pégouatchiou) il y a près de 80 lieues. La Côte entre deux eft arrofée de beaucoup de Rivieres, dont quelques-unes font confidérables & tombent dans des Baies , à l'entrée defquelles il y a quantité d'Ifles. Les principales font la Baie des Châteaux , la Baie Rouge, le Grand & le Petit Saint Modefte, la Baie de Forteau , la Baie Phelippeau & autres , où nous avons des Habitations & de petits Forts , entr'autres le Fort de Pont-Chartrain.

Golfe Saint Laurent , & Fleuve Saint Laurent.

CE Golfe , qui a pris fon nom du Grand Fleuve S. Laurent qui s'y décharge , a pour bornes du côté de l'Eft la Côte Occidentale de l'Ifle de Terreneuve , du côté de l'Oueft & du Midi les Côtes de la Nouvelle France , & au Nord la Côte de Labrador qui eft auffi de la Nouvelle France.

L'Ifle Royale , appellée autrement l'Ifle du Cap-Breton , a été habitée par les François dès 1541 (24);

(24) Jacques Cartier , fous les ordres de François de la Roque , fieur de Roberval , nommé , par François premier , fon Lieutenant général *ès Terres neuves du Canada , Hochelaga , Saguenay & autres* , aborda en 1541 à cette Ifle , & y forma un Etabliffement.

mais nos Etabliſſemens y étoient peu conſidérables; on la négligea même dans la ſuite preſqu'entiérement. Les Etabliſſemens que nous eûmes dans la Partie Méridionale de Terreneuve & dans toute la Péninſule de l'Acadie, nous faiſoient regarder l'Iſle Royale comme moins importante; ce n'a été que depuis le Traité d'Utrecht qu'on y a fait des Etabliſſemens plus conſidérables.

Le Principal eſt Louiſbourg ſitué (25) par les 45 degrés 53 minutes de Latitude, & par les 62 degrés 15 minutes de Longitude à l'Occident du Méridien de Paris. C'eſt un très bon Port; il a près de deux mille toiſes de lóngueur ſur quatre à cinq cens de largeur, & preſque partout, bon fond : ſon entrée, qui n'a pas plus de trois cens cinquante toiſes de large, eſt défendue par de bonnes batteries qui ſe croiſent; il y en a pluſieurs autres qui défendent l'intérieur du Port & le mouillage.

La Ville n'eſt pas grande; il y a dans le fond du Port pluſieurs ruiſſeaux où les Vaiſſeaux peuvent faire de l'eau commodément.

Le Port Dauphin, autrefois Stẹ. Anne, eſt auſſi un très bon Port, dont l'entrée eſt étroite, & au-devant une belle Rade.

Entre Louiſbourg & le Port Dauphin, il y a pluſieurs Ports & Havres ; ſavoir, le grand & le petit Lorambec, le Port de la Baleine, l'Iſle de Scatary, la Baie de Miré, celle de Morienne, la Baie de l'Indienne, & celle des Eſpagnols; cette derniere eſt la plus grande & la plus belle ; il s'y décharge trois Rivieres, &

(25) Sur les Obſervations Aſtronomiques de M. de Chabert, cité ci-devant.

il y a une Mine de charbon de terre.

Après cette Baie, on trouve Labrador, qui a deux entrées séparées par l'Isle de Verderonne ou de la Boularderie. On donne le nom de Labrador à un bras de Mer qui coupe l'Isle Royale presqu'en deux, en s'étendant jusqu'au Port Toulouse, qui est la Partie la plus Méridionale de l'Isle, dont Labrador n'est séparé que par un Isthme d'environ 300 toises de large.

Le Port Toulouse s'appelloit anciennement le Port S. Pierre ; il n'est pas, à beaucoup près, aussi bon & aussi sûr que les deux précédens, cependant il est assez bien établi.

Il y a encore quelques autres Etablissemens dans l'Isle Royale vers sa Partie du Nord ; Niganiche, aujourd'hui l'Isle d'Orléans, tout auprès du Port Dauphin, est un des plus fréquentés.

Le terrein de l'Isle Royale n'est pas excellent, l'intérieur est rempli de Montagnes de roches, cependant il y a beaucoup de bois, & quelques-uns fort beaux, sur-tout dans les Ances que forme Labrador. La chasse & la pêche font les ressources qu'elle fournit à ses Habitans, outre le commerce qu'ils font avec les Sauvages, qui leur apportent des cuirs & des pelleteries : on trouve dans ses Baies & ses Côtes beaucoup de Maqueraux & de Harengs, dont les Pêcheurs font leur *boite* ou appas, pour la Morue qui en est fort friande.

A l'égard de la position géographique de l'Isle Royale, je l'ai déterminée en conséquence des différentes observations qui y ont été faites (26) en 1750 & 1751.

(26) Voyage fait par ordre du Roi dans l'Amérique Septentrionale en

Cette Iſle n'eſt ſéparée de l'extrêmité de l'Acadie que par un paſſage étroit, qu'on appelle le Détroit de Fronſac, qui a environ 4 lieues de longueur ſur une demi-lieue de largeur tout au plus, il n'a même que trois cens toiſes dans un endroit. Toutes les Cartes marquoient fort mal ce Paſſage, & la connoiſſance que l'on en a aujourd'hui eſt dûe aux Remarques qui y ont été faites en 1751 par un Officier (27) des Vaiſſeaux du Roi.

A l'Oueſt de l'Iſle Royale, à 8 ou 9 lieues de diſtance, on trouve l'Iſle S. Jean, qui eſt preſqu'auſſi grande. Il y a pluſieurs Ports dans cette Iſle, dont le principal eſt le Port la Joie, c'eſt la demeure du Commandant, enſuite le Port des trois Rivieres, le Havre à l'Anguille, le Port Chimene, Malpec & Bedec. Le terrein de l'Iſle S. Jean eſt beaucoup meilleur que celui de l'Iſle Royale; il y a de belles Plaines & de fort beaux Bois. Ce Pays eſt coupé & arroſé de pluſieurs Rivieres & Ruiſſeaux dont l'eau eſt bonne, auſſi eſt-elle bien peuplée.

A une quinzaine de lieues de cette Iſle, vers le milieu du Golfe de S. Laurent, on trouve les Iſles de la Magdelaine, qui ſont au nombre de 7 ou 8 fort petites & très près les unes des autres : on y fait la pêche de la Vache marine. A quelques lieues au Nord-Eſt des Iſles de la Magdelaine, il y a deux pe-

1750 & 1751, pour rectifier les Cartes des Côtes de l'Acadie, de l'Iſle royale & de l'Iſle de Terre neuve, & pour en fixer les principaux points par des Obſervations aſtronomiques, par M. de Chabert, Officier des Vaiſſeaux du Roi, Chevalier de l'Ordre militaire de Saint Louis, Membre de l'Académie de Marine, de celle de Berlin, & de l'Inſtitut de Boulogne. *A Paris, de l'Imprimerie royale 1753.*

(27) Voyez la remarque ci-deſſus, cotée (26).

tites Ifles ou Rochers très près l'un de l'autre, que l'on appelle les Ifles aux Oifeaux, & que tous les Navigateurs viennent reconnoître en entrant dans le Golfe S. Laurent.

L'Ifle S. Jean n'eft féparée de la Côte du Canada que par un Canal de quatre à cinq lieues de large, vers le milieu duquel eft fituée la Baïe Verte, qui s'enfonce au moins 4 lieues dans les Terres vers le fond de la Baie Françoife, qui n'en eft éloignée que de 5 lieues au plus. Nous avons des Habitations au fond de la Baie Verte, & un petit Fort nommé Gafparo, du nom d'une petite Riviere à l'embouchure de laquelle il eft bâti.

A l'entrée de la Baie Verte, on trouve le Cap Tourmentin, qui n'eft éloigné de l'Ifle S. Jean que d'environ 3 lieues : à 10 lieues au Nord-Oueft de ce Cap, on trouve le Cap au Hareng & l'Ifle S. Claude, enfuite Nabouiane & Chedaique ; toute cette Côte eft habitée, il y a même une Paroiffe & un petit Fort à Chedaique.

De Chedaique jufqu'aux Ifles Mifcou la Côte court environ 35 lieues au Nord. Il n'y a rien de remarquable dans cette Partie que la Riviere de Riftigouchic, à l'entrée de laquelle il y a plufieurs Ifles, elle vient d'affez loin & fes fources font voifines de la Riviere S. Jean.

Les Ifles Mifcou font l'entrée de la Baie des Chaleurs. Ce fut dans cette Baie où Jacques Cartier entra en 1634, pour commercer avec les Sauvages ; elle porte dans quelques anciennes Cartes, le nom de Baie des Efpagnols, fur une tradition que les Caftillans y étoient entrés avant, mais fans aucune preuve. Les Cartes

donnent à cette Baie environ 30 lieues de profondeur, à compter depuis l'Ifle Bonnaventure jufqu'à la
Riviere de Ritigouche, fur 6 à 7 lieues de largeur,
vis-à-vis Mifcow. Mais je crois qu'elle ne s'enfonce
pas tant dans les Terres, & qu'elle n'eft pas auffi large qu'on le marque, fur-tout vers le fond qui fe retrécit beaucoup & où fe décharge la Riviere de Rifti-
gouche, à l'embouchure de laquelle il y a un Village
fauvage, & un Miffionnaire Récolet. A l'entrée de la
Baie des Chaleurs, du côté du Nord, il y a plufieurs
endroits bien habités, comme la grande Riviere, Pabau, &c.

A 12 lieues à l'Eft de Pabau, on trouve l'Ifle Bonnaventure & l'Ifle Percée. Nous nous fommes établis
dans ces endroits dès les premiers tems de la découverte, étant bons & commodes pour la pêche de la
Morue. A 2 lieues au Nord de l'Ifle Percée, on trouve la Baie de Gafpé, grande & belle, ayant plus de
deux lieues de profondeur & très bien établie. Je l'ai
placée par les 48 dégrés 42 minutes(28) de Latitude,
fur une bonne obfervation.

Acadie, Baie Françoife & Côte des Etchemins.

L'Acadie eft la Partie Méridionnale(29) d'une grande Prefqu'ifle, fituée au Midi de la Baie Françoife, la-

(28) Voyez le Mémoire que j'ai publié en 1753, fur la Carte réduite
du Golphe Saint Laurent.

(29) Quoique Laet, & quelques Auteurs après lui, aient donné le nom
d'Acadie à toute la Prefqu'Ifle, cela n'a jamais été adopté par les François;
pour s'en convaincre, il ne faut que voir la Defcription Géographique
& Hiftorique de l'Amérique Septentrionale, par M. Denis, Gouverneur,
Lieutenant général pour le Roi, & Propriétaire de toutes les Terres &

quelle

quelle a de tout tems fait partie du Canada, & fut pof-
fédée par les François jufqu'en 1713, que l'Acadie a
été cédée aux Anglois par le Traité d'Utrect, avec
la Ville de Port-Royal & fa Banlieue, qui n'en faifoit
pas partie.

Elle s'étend depuis le Cap Canceau jufqu'au Cap de
Sable, environ 80 lieues Nord-Eft, & Sud-Oueft, &
depuis le Cap de Sable jufqu'au Cap Fourchu 18 à 19
lieues Nord & Sud. Le climat en eft doux & fain,
étant fitué entre les 44 & les 45 dégrés de Latitude
Septentrionale. Le terrein eft bon & affez fertile, coupé & arrofé de plufieurs Rivieres, dont le cours n'eft
pas fort étendu, avec quelques petits ruiffeaux. Il y a
de très belles Forêts, d'où, à ce qu'on dit, l'on peut
tirer des mâtures auffi fortes que celles de Norwege.
Le Gibier y eft abondant & les Rivieres fort poiffon-
neufes : la Pêche eft confidérable & facile tout le long
de fes Côtes ; auffi les Habitans, tant Européens que
Sauvages, n'y manquent de rien, foit pour la vie, foit
pour le commerce, qui confifte en Pelleteries de Caf-
tors, de Loups-cerviers, de Renards & autres, en
peaux d'Orignacs (c'eft l'Elan en Europe), en peaux
& huiles de Loups-Marins, & furtout dans la Pêche de
la Morue qui fe trouve en abondance dans prefque
toutes les Ances, & fur les Bancs voifins.

Les François font les premiers Européens qui fe

Ifles qui font depuis le Cap Canceau jufqu'au Cap des Rofiers. 2 *vol.*
in-12, à Paris chez Claude Barbin 1672. Mais fans entrer dans aucune difcuffion à cet égard, ni rapporter d'autres preuves, il fuffit de renvoyer
au Mémoire des Commiffaires François fur les prétentions des Anglois
au fujet des limites à régler avec la France dans cette partie du Monde,
avec les Actes publics & Pieces juftificatives, 3 *vol. in-4. de l'Imprimerie
royale, 1755.*

E *

foient établis dans l'Acadie , dans la Baie Françoife, & fur la Côte des Etchemins. En 1604, M. de Monts débarqua dans un Port vers la partie Occidentale, qu'il nomma *Port-Roffignol* ; enfuite il entra dans un autre , qui fut nommé Port au Mouton , & dans lequel il débarqua tout fon monde. Il trouva dans le premier de ces Ports un Navire François qui faifoit la Traite avec les Sauvages.

En 1605 on s'établit au Port-Royal ; en 1606 dans le Port de Canceau , & fucceffivement les François bâtirent des Forts dans les Ports de Chibouctou, de la Heve , & de Chedabouctou.

On remonta la Riviere de Port-Royal , & l'on fit des Etabliffemens dans l'intérieur de la Prefqu'ifle , fe liant avec les Sauvages & les attachant à la Religion Chrétienne.

En 1613 quelques Anglois attaquerent la plûpart des Poffeffions Françoifes & en détruifirent plufieurs : ils n'en garderent aucunes. Les Habitans François qui y refterent furent tranquilles jufqu'en 1628, que les Anglois s'emparerent de prefque tous leurs Etabliffe-mens , à l'exception de celui qu'ils avoient au Cap de Sable , où le fieur Latour , qui y commandoit, s'enferma dans le Fort , qu'il défendit & conferva avec beaucoup de gloire ; mais en 1632 , par le Traité de S. Germain , les Anglois reftituerent aux François tous les Poftes qu'ils leur avoient enlevés.

En 1654, les Anglois attaquerent de nouveau les Poftes qui avoient été reftitués & ceux qui avoient été établis depuis ; mais en 1667 , le Traité de Breda ref-titua aux François tout ce que les Anglois avoient occupé fur eux dans l'Amérique Septentrionale. Il eft bon de remarquer que les François, en s'établissant dans l'Acadie, ne négligerent pas de le faire fur les Côtes du Canada, depuis le fond de la Baie Françoife jufqu'à Pentagoet. On a vû ci-devant M. de Monts débarquer dans le Port au Mouton en 1604: il y paffa un mois, il alla enfuite avec Champlain, faire un Etabliffement dans une petite Ifle fituée à l'embouchure de la Riviere Ste Croix; on défricha la petite Ifle, on s'y établit, & l'on y fema du bled. On y paffa l'hiver, & l'on ne tarda pas à reconnoître que cet Etabliffement ne valoit rien. On fe remit en Mer dès que la Navigation fut libre, rangeant toute la Côte jufqu'à la Riviere de Kinibéki; enfuite faifant route au Sud, on vint jufqu'au Cap Malbare, dont Champlain avoit, en 1605, pris poffeffion au nom du Roi, auffi-bien que du Cap Cod; & les Anglois ne font parvenus à s'établir dans ces Parties, que long-tems après, comme on le prouvera à l'article de la nouvelle Angleterre.

L'Acadie, Baie Françoife, & Pays circonvoifins, furent de nouveau attaqués par les Anglois, qui s'em-parerent du Port-Royal en 1690; mais en 1691, le Chevalier de Villebon rentra dans Port-Royal, où il ne trouva aucun Anglois.

En 1707, les Anglois réfolurent d'enlever l'Aca-die & les Pays voifins qui s'étoient peuplés & forti-fiés; & pour y réuffir, ils parurent le 6 de Juin avec des forces confidérables devant le Port-Royal, en fi-rent le fiége, qu'ils furent obligés de lever; ils y revin-rent avec de plus grandes forces le 20 Août fuivant: cette nouvelle Entreprife n'eut pas un meilleur fuc-cès; enfin ils revinrent attaquer en 1710 le Port-

Royal avec des forces si supérieures, qu'ils s'en rendirent les maîtres, & le Traité d'Utrecht leur en assu-
ra la possession, ainsi que de l'Acadie.

Voilà en abrégé l'Histoire de l'Etablissement de
l'Acadie & ses révolutions : voyons à préfent l'état de
cette Province.

Le Cap Canceau est la pointe la plus Orientale de
l'Acadie ; je l'ai placé par 47 (30) dégrés 20 minutes de Latitude, & par 63 dégrés 15 minutes de Longitude. Le Port de ce nom est formé par plusieurs petites Isles & Rochers qui l'entourent ; il ne peut tenir
que peu de Vaisseaux. Nous y avons eu un Fort bâti
sur une Pointe de la grande Isle, dont il ne reste aujourd'hui que quelques ruines.

Un peu au Nord du Port Canceau, on trouve la
Baie de Chedaboućtou, grande & belle au fond de
laquelle nous avions, en 1690, un assez bon Fort, un
Bourg auprès, & beaucoup d'Habitans, qui furent
transportés à Gafpé après sa prise par les Anglois, qui
en changerent le nom sur leurs Cartes & lui donnerent
celui de Havre de Milfort.

A l'Oueft de Canceau 15 à 16 lieues, on trouve la
Riviere Ste Marie, qui se décharge dans une petite
Baie que les Anglois ont nommée Havre de Franklin :
cette Riviere, dont ils n'ont pas changé le nom, fort
d'un petit Lac. Entre ces deux endroits il y a Tor-
bay, Martingo, & Mocodome, lieux qui ne font
point habités.

Depuis la Riviere de Ste Marie jufqu'à la Baie de
Chiboućtou, on compte 26 à 27 lieues. La Côte en

---

(30) Suivant les Obfervations de M. de Chabert, citées ci-devant.

cet

Cet endroit forme une espece d'enfoncement tout semé & bordé de petites Isles, que l'on appelle la Baie de toutes les Isles.

La Baie de Chibouctou est le plus beau Port de l'Acadie; le Cap Saint Cendre, qui fait l'entrée du côté de l'Ouest, est situé par les 44 dégrés 32 minutes de Latitude (31). Du Cap S. Cendre jusqu'au fond de la Baie on compte près de 5 lieues, & de ce fond jusqu'à celui de la Baie des Mines, il n'y a pas plus de 10 lieues. Environ au milieu de la Baie de Chibouctou, sur la Côte Occidentale, les Anglois ont bâti en 1749 une Ville, qu'ils ont nommée Halifax, vis-à-vis de l'autre côté du Port celle de Darmoutk en 1750, & tout au fond le Fort de Sackeville (32). Auprès du Havre de Chibouctou une lieue à l'Est, il y a une petite Baie qu'on appelle Mouscoudabouet, dans laquelle ils ont fait en 1754 un Etablissement, qu'ils nomment *Laurence Town*. A l'Ouest de Chibouctou environ 4 lieues, on trouve la Baie Ste Marguerite, ensuite Mirligueche, petite Baie au fond de laquelle les Anglois en 1752 bâtirent la Ville de Lunebourg & la peuplerent presque toute d'Allemands.

Le Port de la Heve est à une lieue à l'Ouest de celui de Mirligueche, il est bon & commode: les François y avoient un Etablissement, & un Fort dont les vestiges subsistent encore. Du Port de la Heve au Cap Negre, il y a au moins 25 lieues, & la Côte court au Sud-Ouest, ce qui est extrêmement différent de ce

(31) Observée par M. de Chabert dans le tems que l'Escadre du Duc d'Euville étoit dans ce Port.

(32) Tous ces Etablissemens sont tirés de papiers Anglois dont nous ne sommes pas garants.

qu'elle eſt marquée dans toutes les Cartes.

De la Heve au Port Roſſignol il y a 4 lieues ; au fond du Port il y a une Riviere qui conduit dans un Lac d'environ 3 lieues de long ſur une lieue & demie de large. Ce Lac n'eſt ſéparé de celui du Port-Royal que par un portage d'environ deux lieues, d'où l'on peut ſe rendre dans le baſſin du Port-Royal tout auprès du Fort, par la petite Riviere du Moulin, qui ſort du Lac du Port-Royal.

Le Cap Negre eſt la Pointe du Sud d'une Iſle du même nom, derriere laquelle il y a un mouillage pour de petits Bâtimens : dans l'enfoncement que forme la Côte à l'Oueſt du Cap Negre, on trouve le Port la Tour, avec les ruines du Fort François ; ce Port a encore beaucoup d'Habitans.

Le Cap de Sable fait la Pointe Méridionale d'une Iſle qui porte ce nom, qui a 2 lieues & demie de long ſur deux tiers de lieue de large, entre laquelle & la Terre-ferme il y a bon paſſage pour de petits Bâtimens ; il eſt par la Latitude de 43 (33) dégrés 23 minutes 45 ſecondes, obſervée avec beaucoup de préciſion.

A 5 lieues à l'Oueſt du Cap de Sable, on trouve les Iſles aux Loups-Marins, au nombre de cinq dans l'eſpace de 2 lieues & demie ; la plus grande a environ une lieue, les autres ſont tres petites : on y faiſoit autrefois la Pêche du Loup-Marin.

Du Cap de Sable au Cap Ste Marie, on compte 17 à 18 lieues au Nord-Nord-Oueſt : entre les deux il y a Poboncou, à 3 lieues du Cap de Sable, où il y

(33) Cette entrée eſt ſituée par les 44 dégrés 51 minutes de latitude obſervée par M. de Chabert.

a des Sauvages établis, que les nouvelles Cartes Angloises appellent Pugnico, ensuite la Riviere Tous-
-quet, le Cap Fourchu & la Riviere de l'Assomption,
dont les Cartes ne font pas mention.

Le Cap Ste Marie fait l'entrée d'une Baie de ce
nom fort profonde, & dont le fond n'est pas éloigné
de 2 lieux du bassin du Port-Royal. Après la Baie
Ste Marie en tournant à l'Est, on trouve l'entrée du
Port-Royal, qui fut nommé ainsi par M. de Monts
qui vint y faire un Etablissement en 1605, & que les
Anglois, depuis qu'ils en font possesseurs, ont changé
en celui d'Annapolis Royale.

C'est un très beau Port dont l'entrée est étroite,
mais quand on est en dedans, on trouve un bassin de
2 lieues de longueur sur une lieue de largeur, qui va
en diminuant vers le fond du Port où tombe la Riviere de Port-Royal, le long de laquelle font un très
grand nombre d'Habitans François qui y font restés;
le Fort est bâti dans le fond à l'embouchure de la
Riviere.

De l'entrée de Port-Royal à celle de la Baie des
Mines, il y a 17 à 18 lieues : cette Baie a 7 à 8 lieues
de profondeur sur 2 à 3 de largeur; il s'y décharge
plusieurs Rivieres, dont les principales font celle de
Pigiguit, à l'embouchure de laquelle font le Bourg
des Mines ou le grand Prée d'un côté, & le Bourg
Pigiguit de l'autre, celle de Ste Croix où est le Fort
Edouard, celle de Chebenacadie, qui prend sa fource dans un petit Lac très voisin du Port de Chibouctou, & celle de Cobeguit où est la Paroisse de ce
nom. Tout le contour de la Baie des Mines est plein
d'Etablissemens, & les Habitans font presque tous
François.

Pour entrer dans la Baie des Mines, on traverse une très grande Baie qui a porté de tout tems le nom de Baie Françoise, mais que les Anglois voudroient depuis quelques années changer sur leurs Cartes en celui de Baie de Fundy ou d'Argal.

Le fond de cette Baie est terminé par un Isthme de 5 lieues de large, qui la sépare du Golfe de Saint Laurent : on appelle cet endroit Chignitou ou Beaubaffin. Les François y sont établis depuis très longtems, & ils y ont le Fort de Beauséjour. Le terrein de cet Isthme & des environs est bon & arrosé de plusieurs petites Rivieres & Ruisseaux, dont les uns se déchargent dans Beaubaffin, & les autres dans la Baie Verte ; la principale est celle de Ste Marguerite qui passe à peu de distance du Fort de Beauséjour. De l'autre côté de cette Riviere, presque vis-à-vis notre Fort, les Anglois ont élevé à-peu-près dans le même tems un petit Fort, qu'ils nomment Fort Saint Laurence.

On a vu ci-devant que les François en s'établissant dans l'Acadie n'avoient pas négligé de s'établir dans le reste de la Presqu'ifle & dans (34) le Continent voisin : cette Côte qui borde la Baie Françoise au Nord & fait partie du Canada, a été nommée Côte des Etchemins : elle s'etend depuis Beaubaffin jufqu'à la Riviere de Sagadahok, l'espace d'environ 130 lieues, dont nous allons donner une Description abrégée.

Après Beaubaffin, en suivant la Côte du Continent, le long de la Baie Françoise, on trouve la Riviere

(34) En 1604, Etabliffement de M. de Monts à la Riviere Sainte Croix : en 1613, Etabliffement à la Rivière de Pentagoet, & Fort Saint Sauveur.

Tintamare

Tintamare, fur laquelle eſt une Bourgade du même nom ; à quelques lieues à l'Oueſt, il y a trois Rivieres, qu'on appelle Memeramicouque, Pecoudiac & Chidoupy, toutes les trois habitées de François & de Sauvages. De-là, juſqu'à la Riviere S. Jean, on compte environ 20 lieues.

La Riviere S. Jean eſt conſidérable, & vient de fort loin, prenant ſes ſources dans deux branches, l'une venant du Nord, & l'autre de l'Oueſt, toutes deux fort proches de la Côte Méridionale du Fleuve Saint Laurent : ainſi remontant cette Riviere, & faiſant quelques portages, on peut ſe rendre à Quebek en peu de tems, n'y ayant gueres plus de 100 lieues par cette route, au lieu que le tour qu'on feroit par mer feroit plus de 400 lieues. L'entrée de cette Riviere eſt difficile, cependant des Fregates peuvent y entrer. Sur la Pointe Occidentale il y a un petit Fort, nommé Fort la Tour, où le Gouverneur du Canada met une Garniſon : en remontant cette Riviere, on trouve à droite & à gauche pluſieurs Habitations, tant de Sauvages que de François ; ſavoir Néripice, Ramatou, Ste Anne, Nanchouaque, Gemeſic, Medoɛtec &c. Le Pays eſt aſſez beau, le commerce qui s'y fait eſt en pelleteries.

De la Riviere Saint Jean à celle de Kinibeky, on compte 35 lieues au moins : dans cet eſpace on trouve l'Iſle & la Riviere de Menagoniche tout auprès de la Riviere S. Jean, enſuite celle de Mechaſcor, l'Iſle du grand Menane, la Riviere Ste Croix, & celle de Peſcomadié, auparavant Riviere des Etchemins, dont le

F *

nom ſauvage étoit *Peskadamioukkanti*, les Monts dé-
ſerts, & la Riviere de Pentagoet, que les Anglois
nomment aujourd'hui Penobſcot, cette Riviere eſt appellée dans les plus anciennes Relations Norimbe-
gue ; ce fut à l'embouchure de cette Riviere, que les
François formerent un Etabliſſement & bâtirent un
Fort en 1613, qu'ils appellerent S. Sauveur : on y établit par la ſuite des Miſſions, qui nous attacherent
les Sauvages de ces Cantons.

L'embouchure de la Riviere de Pentagoet eſt grande, & forme une Baie, à l'entrée de laquelle il y a
pluſieurs petites Iſles, à l'abri deſquelles de petits
Bâtimens peuvent mouiller. Le terrein des environs
paſſe pour aſſez bon ; il y a quelques Ours, quelques
Orignaux, qu'on nomme en Europe Elans, des Caſtors, peu de Loutres, des Lievres, des Perdrix, des
Outardes & autre pareil gibier à foiſon. Autour des
petites Iſles qui ſont à l'entrée, on pêche quantité de
Maqueraux. Les Anglois uſurpent aujourd'hui cette
Riviere ; ils ont un Etabliſſement à ſon embouchure, vis-à-vis l'endroit où étoit le Fort François,
& leurs Cartes en marquent un autre à quatorze ou
quinze lieues plus haut entre deux caſcades ou chûtes.

A trois lieues à l'Oueſt de la Riviere de Pentagoet,
on trouve la petite Riviere de Saint Georges.

Le *Fleuve Saint Laurent*.

ON a vu ci-devant la découverte des Parties Orientales

tales du Canada & du Golfe de Saint Laurent, mais sans pénétrer dans le Fleuve. Ce fut Jacques Cartier de Saint Malo qui y entra en l'année 1554, après avoir visité l'Isle de Terre neuve, parcouru le Golfe & les mêmes Pays dont Verezani avoit pris possession, dix ans auparavant, au nom du Roi de France.

Le Fleuve Saint Laurent est un des plus grands & des plus beaux que nous connoissions, & dans lequel les Vaisseaux de guerre remontent le plus avant ; car de son embouchure jusqu'au Port de Quebek, on compte plus de 120 lieues communes de France, & depuis Quebek jusqu'au lac Ontario, d'où ce Fleuve sort, on compte au moins 100 lieues.

L'embouchure de cette Riviere est partagée en deux par une Isle, de près de 48 lieues de long sur 10 dans son plus large, que Jacques Cartier nomma en 1534, l'Isle de l'Assomption ; mais celui d'Anticosti a prévalu, tiré vraisemblablement de celui de Naticotec que les Sauvages lui donnoient ; de sorte qu'il y a deux Passes pour entrer dans le Fleuve, l'une au Nord de l'Isle, & l'autre au Sud : celle du Nord n'est gueres fréquentée que dans le Cabotage, quoique bonne & sûre, mais plus étroite que l'entrée du Sud qui a 15 à 16 lieues au moins de largeur.

Cette Isle n'est point habitée, mais on y va tous les hivers faire la chasse pour les peaux d'Ours & Martres ; elle est boisée, mais on n'y trouve gueres que des Sapins & très peu de Bouleau ; le terrein en est stérile & rempli de Roches, il n'y a pas même de Port ni de Havre où un Bâtiment puisse être en sûreté.

Le Cap des Rosiers est la Pointe la plus Sud qui

fait l'entrée du Fleuve, il eſt ſitué par les 48 (35) dégrés 54 minutes de Latitude, & par les 66 dégrés de Longitude Occidentale.

A 25 lieues du Cap des Roſiers, en remontant le Fleuve, le long de la Côte du Sud, on trouve les Monts Louis d'où ſortent trois Rivieres qui portent ce nom : le Fleuve a en cet endroit 18 lieues de large. Il y a quelques habitans aux Monts Louis le long de la Côte & des Rivieres.

Derriere les Monts Louis on voit les Monts Notre-Dame, plus avant dans les terres, & beaucoup plus élevés.

De l'autre côté du Fleuve, preſque vis-à-vis, il y a la Baie des ſept Iſles, la Riviere Moiſy, & quelques autres peu conſidérables.

Depuis les Monts Louis juſqu'à l'Iſle Saint Barnabé, il y a environ 40 lieues : la Côte entre deux n'a rien de remarquable que quelques Rivieres qui s'y déchargent : il n'y a ni au Nord ni au Sud aucun endroit qui mérite le nom de Ports, il y a ſeulemens quelques mouillages ; les principaux de la Côte du Nord ſont le Caouy, la Riviere de la Pentecoſte, ou Riviere Sainte Marguerite, l'Ance de la Trinité, le Havre Saint Nicolas, dans lequel Cartier entra & planta un poteau aux Armes du Roi ; c'eſt le ſeul endroit qui a conſervé le nom que lui donna ce Navigateur, & le changement des autres rend aujourd'hui ſa relation très obſcure. A environ 6 lieues au-deſſous de Saint Barnabé, il y a la Riviere de Mitis, par laquelle on peut ſe rendre à la Riviere Saint Jean ;

(35) Voyez le Mémoire que j'ai publié en 1754 ſur la Carte réduite du Golphe de Saint-Laurent.

cet endroit est propre à faire un établissement, il y a même eu autrefois des habitans.

L'Isle Saint Barnabé est très petite & fort près de la Côte, vis-à-vis d'une petite Riviere, sur les bords de laquelle est une habitation qu'on appelle Rimouf- ki ou Saint Barnabé, nom de la Paroisse ; un peu plus haut l'Isle du Bic & une petite Riviere vis-à-vis : à 5 lieues de l'Isle du Bic, on trouve la Riviere des trois Pistoles ; avec une habitation nommée Rioux, ou Orio, cette Riviere sort de deux petits Lacs qui sont proches la Branche du Nord de la Riviere Saint Jean. A 10 lieues de l'Isle du Bic, on trouve la Ri- viere des Vases, devant laquelle est l'Isle Verte : cet endroit est habité, & les Missionnaires de Saint Bar- nabé desservent les trois Pistoles & la Riviere des Vases.

On trouve ensuite la Riviere du Loup, & 4 lieues plus loin les Kamouraskas ; il y a une Paroisse en cet endroit. De Kamouraska jusques devant Quebek il y a près d'une trentaine de lieues : tout cet espace est rempli de Villages & de Paroisses très près les unes des autres, savoir la Riviere Ouel, Sainte Anne, Saint Roch, Port-Joly proche la Riviere au Saumon, Bellanger, Saint Ignace, Saint Thomas, Saint Pier- re, Saint François ; ces trois dernieres sur la Riviere du Sud, dont les sources sont très près de la bran- che de l'Ouest de la Riviere Saint Jean ; ensuite Bel- lechasse, la Durantaye, Saint Michel, Beaumont & Saint Joseph.

L'Isle d'Orleans est au-dessous de Quebek ; elle fut nommée d'abord l'Isle de Bacchus : elle a 7 lieues de long sur 2 de large ; le terrein en est fort bon & bien

cultivé, il produit de bon Froment & de bons Fruits;
l'Ifle eft divifée en cinq Paroiffes, favoir du côté
du Nord, Saint Pierre, la Sainte Famille ; du côté
du Sud, Saint François, Saint Jean, & Saint Paul,
aujourd'hui Saint Laurent.

La Ville de Quebek (36) eft la Capitale de toute la nouvelle France, & la demeure du Gouverneur Général. Ce fut Samuel Champlain qui la fon-
da en 1608. Elle eft fituée fur la Rive Septentrionale
du Fleuve, ayant au-devant d'elle un fort beau Baffin
d'une demi-lieue de large fur plus d'une lieue de longueur, où les Vaiffeaux mouillent en fûreté : elle eft
bâtie fur une Pointe qui avance dans le Fleuve, entre le Cap au Diamant, & la petite Riviere de Saint
Charles ; le terrein en eft inégal, diftingué en haute
& baffe Ville, le côté du Fleuve eft défendu par
plufieurs bonnes Batteries, & par le Fort Saint Louis;
le côté de la terre eft auffi fortifié. Il y a un Evêché
qui releve directement du Saint Siége, & c'eft le
feul que nous ayons dans toute la nouvelle France ;
un Confeil Supérieur & un Intendant. Les principaux
Bâtimens font la Cathédrale & le Séminaire qui y eft
joint, le Palais Epifcopal, l'Intendance, le Gouvernement, l'Hôtel-Dieu, les Urfulines, les Recolets,
& le College des Jéfuites. Cette Ville, bâtie en 1608,
n'étoit pas encore en état de défenfe en 1629, lorf-

(36) J'ai placé Quebek par 46 dégrés 48 minutes de latitude, & par
les 72 dégrés 38 minutes de longitude Occidentale du Méridien de Paris,
fuivant les obfervations qui y ont été faites en 1754, par M. de Lolbi-
niere, Officier des Troupes du Canada, fort verfé dans l'Aftronomie.
L'obfervation faite par M. Deshayes, & rapportée dans la Connoiffance
des tems de 1706, ne fait cette longitude que de 72 dégrés 15 minutes,
& fa latitude 46 dégrés 55 minutes ; & dans celle calculée pour l'année
1756, cette longitude eft de 72 dégrés 13 minutes.

que les Anglois s'en rendirent maîtres ; mais ils la reftituerent en 1632, par le Traité de Saint Germain, voyant les préparatifs qu'on faifoit pour les en chaffer. En 1690, les Anglois vinrent avec des forces confidérables attaquer Quebek : cette entreprife ne leur fut pas favorable ; ils furent obligés d'en lever le Siége avec beaucoup de perte.

La Côte Septentrionale du Fleuve Saint Laurent, oppofée à celle dont nous venons de donner la defcription, a plufieurs endroits remarquables. Le plus près de Quebek c'eft Beauport, enfuite Charlebourg & les deux Lorettes ; à un quart de lieue de Beauport on trouve le Sault de Montmorency, qui forme une belle nape d'eau ou Cafcade d'environ 80 pieds de large, fur cent de haut. Les autres lieux, en defcendant, font l'Ange Gardien, Château Richer, Sainte Anne, Saint Joachim, la petite Riviere, le Gouffre, les Eboulemens, la Malbaye, & le Saguenay.

Le Saguenay eft une grande Riviere où les Vaiffeaux peuvent entrer & la remonter plus de 25 lieues. Le Port de Tadouffac eft fur la droite en entrant ; prefque tous les Géographes y ont placé une Ville qui n'a point exifté, il n'y a jamais eu qu'une maifon Françoife, & quelques cabanes de Sauvages qu'on bâtiffoit pour le tems de la Traite : c'étoit une efpece de Foire ou de rendez-vous où les Nations du Nord & de l'Eft venoient pour commercer avec les François, qui s'y rendoient auffi dès que la Navigation du Fleuve étoit libre : les Miffionnaires ne manquoient pas de s'y joindre pour mettre à profit le tems que les Sauvages y reftoient.

En remontant le Saguenay, on trouve la Miffion

de Checoutimi, plus haut Matabetchouan, fur les bords du Lac Saint Jean, où nous avons un Etabliſſement & une Miſſion. Tout le Pays au Nord & au Nord Eſt, eſt couvert de Lacs & de Rivieres (37), & peuplé de différentes Nations Sauvages, dont les principales font les Checoutimiens, les Piekouagamiens, les Nekoubaniſtes, les grands & les petits Miſtaſſins, les Papinachois, & pluſieurs autres qui nous font attachés.

Les grands Miſtaſſins habitent autour de trois Lacs qui communiquent les uns dans les autres: le plus grand s'appelle le Lac des Miſtaſſins, le ſecond le Lac du Pere Albanel, & le plus petit, le Lac Dauphin; nous avons des Miſſions & des habitations ſur ces Lacs.

Revenons maintenant à Quebek, & remontons le Fleuve Saint Laurent juſqu'au Lac Ontario, Navigation qu'on fait partie en Bateaux plats, & qui n'a pas moins de difficulté que celle de Quebek à la Mer.

De Quebek à la Ville des trois Rivieres, on compte environ 25 lieues, dans cet intervalle les bords du Fleuve font habités, la pointe la plus conſidérable eſt la pointe aux Trembles, bien établie. Les Rivieres qui

(37) La petiteſſe du point de ma Carte, ne m'a pas permis de marquer tous les Lacs & Rivieres dont on a connoiſſance aujourd'hui dans cette partie. On la doit à un Miſſionnaire qui en a dreſſé, en 1731, une Carte fort curieuſe & remplie d'un très grand détail, dont l'Original eſt au Dépôt. J'en ai fait uſage dès 1744 dans ma Carte de la partie Orientale du Canada, & les Géographes qui ont travaillé après moi en ont fans doute eu auſſi communication; mais je ne puis m'empêcher de remarquer qu'un de nos plus habiles n'a pas donné le giſſement des grands Lacs des Miſtaſſins avec exactitude, en les faiſant courir Eſt & Oueſt, au lieu que dans la Carte que je viens de citer, ſur laquelle il y a beaucoup de Remarques géographiques de la main de l'Auteur, il eſt dit poſitivement *le Lac Dauphin & les deux autres courent Nord franc.*

ſe

fe déchargent dans le Fleuve font du côté du Nord , la Riviere du Cap-Rouge, qu'on nomme Carrouge , la Riviere aux Roches, la Riviere à Jacques Cartier , qu'on appelle auffi Riviere Sainte-Croix, celle de Port neuf, la Riviere aux Demoifelles, celle de Batifcam fur laquelle eft la Paroiffe de Sainte Genevieve, enfuite les Habitations de Champlain & du Cap de la Madeleine; du côté du Sud, la Riviere de la Chaudiere , vis-à-vis Sillery, remarquable par une Cafcade qui eft à 2 lieues de fon Embouchure.

La Ville des trois Rivieres, eft placée fur la Côte Septentrionale du Fleuve, qui a plus de demi-lieue de large en cet endroit : un peu au-deffous & du même côté que la Ville, le Fleuve reçoit une Riviere, qui, avant que de confondre fes eaux avec le Fleuve, en reçoit en même tems deux autres, l'une à fa droite, & l'autre à fa gauche, & c'eft ce qui a fait donner le nom des Trois Rivieres à la Ville , auffi-bien qu'à la Riviere, qui prend fa fource à plus de 25 lieues au Nord, dans un petit Lac qu'on appelle Saint Thomas. Il y a des Mines de Fer , & de belles Forges fur la principale de ces Rivieres : ces Forges font à trois lieues de la Ville , & fourniffent de très bon Fer. Cette Ville eft fituée affez agréablement : il y a un Gouverneur, un Etat Major, une Juftice Royale : il y a, outre la Paroiffe, un Couvent de Recolets, & des Religieufes Urfulines qui deffervent l'Hôpital.

Au-deffus de la Ville des Trois Rivieres , le Fleuve s'élargit beaucoup, & forme le Lac Saint Pierre , lequel a environ 3 lieues de large fur 7 de long , & dans lequel plufieurs Rivieres fe déchargent à droite

G

& à gauche, ce Lac eſt ſort poiſſoneux.

Le haut du Lac eſt rempli d'une quantité d'Iſles de différentes grandeurs, connues ſous le nom des Iſles de Richelieu, dont la principale eſt l'Iſle du Pas, qui eſt habitée, l'Iſle Saint Ignace, & l'Iſle du Caſtor, les autres ſont extrêmement petites : au-deſſous de ces Iſles, à la Côte du Sud, on trouve la Riviere Saint François, dont les ſources ſont voiſines de quelques Rivieres qui tombent, ou à la Côte des Etchemins, ou à la nouvelle Angleterre, comme on le peut voir à l'inſpection de la Carte. L'embouchure de cette Riviere Saint-François eſt remplie de petites Iſles où nous avons des Habitations.

Proche les Iſles de Richelieu, du côté du Sud du Fleuve, on trouve la Riviere de Richelieu, ou la Riviere de Sorelle qui court Nord & Sud, environ 20 lieues : il y avoit à ſon embouchure le Fort de Richelieu, bâti en l'année 1642 ; à 5 ou 6 lieues plus haut, le Fort de l'Aſſomption, enſuite le Fort Saint Louis. Ces Forts ont été détruits, & l'on a bâti à la place du dernier, le Fort de Chambly, & à 2 lieues au-deſſus le Fort Saint Jean ; ſur la Rive oppoſée il y avoit encore le Fort Sainte Thereſe, qui a été abandonné.

Le Lac Champlain peut avoir 15 à 16 lieues de long ſur 2 ou 3 de large, il eſt ſemé d'Iſles, & ſes bords ſont très bien habités ; vers le fond il y a le Fort S. Frederik, bâti ſur une Pointe appellée par les François Pointe de la Chevelure, & que les Anglois ont traduit *Crown Pointe* ; ce Fort défend l'entrée du Lac du côté de la Nouvelle Angleterre, & de la nouvelle York ; le Terrein des deux côtés du Lac eſt très bon : on voit des Prairies à droite & à gauche, arrofées de petites Rivieres qui les fertilifent, & plus loin, deux chaînes de Montagnes qui femblent les enfermer. On y trouve un peu de Cryftal de Roche.

Au fortir du Lac Champlain on paffe un Rapide, au-delà duquel on entre dans le Lac du Saint Sacrement, qui a au moins 5 à 6 lieues de long. Les Anglois l'appellent aujourd'hui le Lac Georges.

Du haut du Lac Saint Pierre, jufqu'à la Ville de Montréal, on compte 17 à 18 lieues. Dans cet efpace, le Fleuve eft couvert d'un nombre prodigieux d'Ifles bien boifées, qui forment des Canaux dont l'afpect eft fi charmant, qu'on feroit tenté de croire que l'Art y a autant de part que la Nature. Quelques-unes de ces Ifles font habitées ; la plus grande s'appelle Sainte Therèfe, elle a au moins une lieue & demie de longueur, les autres font très petites.

Les deux côtés du Fleuve font garnis d'Habitations, parmi lefquelles il y a plufieurs endroits remarquables, comme la Valterie, Saint Sulpice, Repentigny, & la Chainaye du côté du Nord, Saintour Contrecœur, Vercheres, Cap S. Michel, Cap Varennes, Boucherville, Tremblay & Longueil, du côté du Sud.

La Ville de Montreal (38) eft placée fur la Côte Méridionale d'une Ifle qui a 11 à 12 lieues de long fur 4 dans fa plus grande largeur, au pied d'une Mon-

(38) La latitude de la Ville de Montréal, eft de 45 dégrés 45 minutes, obfervée par le Pere Bonnecamp, Jéfuite Mathematicien : prefque toutes les Cartes la marquent 15 à 20 minutes de dégré trop Nord, ma Carte de 1744 a ce défaut. A l'égard de la longitude, comme il n'y a pas d'obfervations aftronomiques pour la déterminer immédiatement, je l'ai affujettie fur celle de Quebek, en réduifant en dégrés les routes & les diftances que l'on a eftimées entre ces deux Villes.

tagne qui a donné son nom (39) d'abord à l'Ifle, &
enfuite à la Ville : elle a été fondée en 1642, & nommée Villemarie, mais l'autre nom a prévalu. Meffieurs du Seminaire de Saint Sulpice font Seigneurs
de la Ville & de l'Ifle, mais la Juftice eft au Roi. La
Ville eft fur le bord du Fleuve, partagée en haute &
baffe ; il y a un Gouverneur & un Etat Major : outre
la Paroiffe, il y a un Seminaire des Recolets, des Jefuites, des Filles de la Congrégation, & un Hôtel-
Dieu : il y a quelques Bourgs & plufieurs Paroiffes
répandues dans les différens Cantons de l'Ifle avec
quelques petits Forts.

Au Nord de l'Ifle de Montreal, il y a une Ifle de 7
lieues de long fur 2 de large, dont elle n'eft féparée
que par un Canal, qu'on appelle la Riviere des Prairies,
vers le milieu duquel il y a un Rapide qu'on appelle
le Sault au Recolet, à caufe d'un Religieux de cet
Ordre qui s'y eft noyé. Cette Ifle fut nommée d'abord
l'Ifle de Montmagny, du nom d'un Gouverneur Général du Canada ; ayant été concédée aux Jefuites,
ils l'appellerent l'Ifle Jefus ; elle a confervé ce nom,
mais elle a paffé entre les mains de Meffieurs du Seminaire de Quebek, qui y ont mis des Habitans.

Derriere l'Ifle de Jefus, c'eft-à-dire au Nord, il y
un troifieme bras du Fleuve qui eft femé d'un nombre de petites Ifles, fi prodigieux qu'il y a prefqu'autant
de terre que d'eau, elles font toutes bien boifées :

(39) Ce fut Jacques Cartier qui, en 1535, donna ce nom à la Montagne auprès de laquelle étoit fituée la Bourgade fauvage d'*Hohelaga*. Le
Chef de cette Nation étant venu trouver Cartier à la Riviere Sainte
Croix, au-deffus de Quebek, où il formoit un Etabliffement, le con-
duifit à l'Ifle Montreal, où ces Sauvages étoient établis.

ce Canal s'appelle les Mille-Isles, ou la Rivierre Saint Jean.

A la tête de l'Isle Jesus, il y a l'*Isle Bizard*, ou l'Isle du Major, un peu plus haut, vers le Sud, on trouve l'*Isle Perrot*.

Vis-à-vis l'Isle Perrot, du côté du Nord, le Fleuve s'élargit, & forme ce qu'on appelle le Lac des deux Montagnes, dans lequel se décharge la Riviere des Outaouais qui est considérable, & par le moyen de laquelle on peut communiquer assez prompte-ment avec le Lac Huron.

Au Sud de l'Isle Perrot, il y a un autre élargissement du Fleuve Saint Laurent, qu'on appelle le Lac Saint Louis.

Sur la Côte Méridionale du Fleuve, vis-à-vis l'Isle de Montreal, il y a un Village considérable de Sau-vages Chrétiens qu'on appelle le Sault Saint Louis, ensuite la Prairie de la Magdeleine, & quelques au-tres Habitations.

Du Lac Saint Louis jusqu'à Cataracouy, à l'entrée du Lac Ontario, on compte cinquante lieues; cet-te partie du Fleuve n'est pas à beaucoup près aussi ha-bitée que les précédentes. On trouve d'abord les Cas-cades, ensuite le Buisson, qui font des chûtes d'eau ou saults, qu'on évite en faisant un portage peu considérable.

Au-dessus du Sault du Buisson le Fleuve a un grand quart de lieue de large, & les Terres des deux côtés font excellentes, aussi y a-t-il quelques Habitations; en-suite on trouve le Rapide des Cedres & celui du Côteau du Lac : au-dessus du Côteau du Lac, commence le Lac S. François, qui a 7 lieues de long sur 2 à 3 dans sa plus grande largeur : au haut de ce Lac , le Fleuve eſt couvert d'une grande quantité de petites Iſles, ce qui fait appeller cet endroit les Chénaux du Lac. Il faut après cela franchir pluſieurs Rapides dont le plus long, qui a près de demi-lieue,ſe nomme le long Sault: à ſept lieues au-deſſus on trouve le Rapide plat , & 7 lieues plus loin la Galette ; un peu au-deſſus de cet endroit, du côté oppoſé , il y a la Riviere de la Préſentation, à l'entrée de laquelle l'on a bâti un Fort & établi une Miſſion de Sauvages. De-là juſqu'au Lac Ontario il y a peu d'établiſſement , l'Iſle de Toniata eſt à 6 lieues au-deſſus de la Galette : de-là à Cataracouy, on compte 13 lieues; dans cet intervalle il y a un endroit qu'on appelle les Mille - Iſles , c'eſt un Archipel ſi nombreux , au travers duquel on paſſe , qu'un Voyageur digne de foi ne craint point de dire qu'il y en a plus de cinq cens. Quand on eſt ſorti de-là , il n'y a plus qu'une lieue à faire pour gagner Cataracouy.

Le Fort de Cataracouy (40), autrement de Frontenac , eſt ſitué à l'entrée du Lac Ontario ſur la Rive droite , en remontant le Fleuve Saint Laurent : il fut conſtruit en 1671 par Monſieur de Frontenac qui lui donna ſon nom : en 1677 , le Roi donna la Sei-

(40) J'ai placé ce Fort par la Latitude de 44 dégrés 17 minutes 48 ſecondes , ſuivant les obſervations aſtronomiques qui y ont été faites par le R. P. Bonnecamp , Jéſuite Mathematicien : à l'égard de la longitude on ne la peut conclure que ſur l'eſtime des diſtances depuis Quebek , n'y ayant point eu d'obſervations aſtronomiques pour la fixer. Je la fais dans ma nouvelle Carte de 78 dégrés 10 à 12 minutes : dans ma Carte de la Partie orientale du Canada , publiée en 1744 , je l'avois faite de 76 dégrés 30 minutes , c'eſt-à-dire 1 dégré 40 minutes plus Orientale , ce qui a été ſuivi par le ſieur Robert dans ſa Carte du Canada de 1753 ; mais je crois qu'il la faut réformer aujourd'hui , parceque ſi l'on ſuivoit mon ancienne détermination , l'eſpace entre la Côte de la Nouvelle Angleterre & le Lac Ontario , deviendroit trop reſſerrée ; la Carte Angloiſe du ſieur

gneurie de Cataracouy, & le Gouvernement du Fort à Monſieur de la Salle, à condition qu'il le bâtiroit de pierres, ce qui fut exécuté en mil ſix cent ſoixante dix-huit.

Ce Fort eſt placé à l'embouchure d'une petite Riviere qui n'a gueres plus de cinq quarts de lieue, elle court au N. E. Vis-à-vis, dans le milieu du Fleuve, il y a une Iſle fort jolie, qui s'appelle l'Iſle aux Cochons, à cauſe qu'on y avoit mis de ces Animaux qui ont beaucoup multiplié ; un peu plus bas, il y a l'Iſle aux Cerfs, & l'Iſle aux Cedres : derriere le Fort il y a un Marais où on trouve beaucoup d'Oiſeaux Aquatiques, ce qui fait un amuſement & une douceur pour la Garniſon.

PARTIE OCCIDENTALE DE LA NOUVELLE FRANCE,

Contenant les Lacs & Pays voiſins.

LE Lac Ontario a été connu des François peu aPrès leur entrée dans le Fleuve Saint Laurent en 1535 ; on lui donna le nom de Frontenac, lorſque Louis de Buade, Comte de Frontenac vint en 1671

Mitchell que j'ai déja citée, appuie mes conjectures, puiſqu'il place le Fort de Cataracouy 75 dégrés 50 minutes à l'Occident de Londres, ce qui revient au 78 dégrés 15 minutes du Méridien de Paris : on doit avoir d'autant plus de confiance dans cette partie de la Carte Angloiſe, que toutes les diſtances depuis Baſton juſqu'au Lac Ontario, y ſont marquées en mille, & de proche en proche dans toute la Nouvelle Angleterre & dans la Nouvelle York. Cet accord avec mes différentes combinaiſons, ſert de preuves réciproques & à mes opérations, & à celles ſur leſquelles la Carte Angloiſe a été fixée, avec d'autant plus de certitude que le rout eſt lié avec Baſton, où il y a une obſervation aſtronomique dont on connoît l'exactitude.

bâtir un Fort à son entrée, il a porté aussi celui de Lac Saint Louis ; ces noms n'ont pas subsisté, & celui d'Ontario a prévalu.

Ce Lac a environ 40 lieues de longueur de l'Est à l'Ouest, & 10 à 12 lieues dans sa plus grande largeur.

En entrant du côté de l'Est & suivant la Côte du Sud du Lac, qui est, à proprement parler, la Rive droite du Fleuve Saint Laurent, on trouve l'Isle au Chevreuil à 6 lieues du Fort Frontenac ; cette Isle peut avoir une lieue de long de l'Est à l'Ouest, & n'est éloignée de la grande Terre que d'environ 25 à 30 toises, & 2 lieues plus loin l'Isle aux Galots : de-là à la Riviere de Chouaguen, on compte 8 à 9 lieues ; entre ces deux endroits il y a plusieurs Baies & Rivieres, entr'autres la Riviere de l'Assomption qui est grande & belle, & quelques-unes plus petites, fort près les unes des autres, comme la Riviere des Sables, celle de la Planche, la grande Famine, la petite Famine, & celle de la grosse Ecorce ; la grande Famine a été nommée ainsi depuis que Monsieur de la Bare, Gouverneur Général de la nouvelle France, pensa y perdre toute son Armée par la faim & par les maladies en mil six cent quatre-vingt-quatre, en allant faire la guerre aux Iroquois.

La Riviere de Chouaguen est remarquable, parcequ'elle est la décharge de plusieurs petites Rivieres & petits Lacs, dont le plus considérable est celui de Gannentaha que les Anglois appellent aujourd'hui Oneido, voisin de la nouvelle York.

Cette Riviere est étroite & rapide : à 3 lieues de son embouchure, il y a une chûte d'eau qui a 10 à 12

pieds

pieds de haut & qui occupe toute la largeur de la Riviere. C'eſt à ſon embouchure que les Anglois bâtirent en 1727 un petit Fort, auquel ils ont donné le nom (41) d'Oſwego. Avant cet Etabliſſement, ils n'avoient jamais ſongé à s'approcher des Lacs du Canada, dont les François étoient ſeuls en poſſeſſion de tout tems. Le Gouverneur du Canada envoya de Quebek un Officier ſommer le Commandant de ce petit Fort de l'évacuer & de ſe retirer ſur les Terres de l'Angleterre; cette ſommation, qui eſt du 1 Août 1727, fut inutile : depuis ce tems les François n'ont pas ceſſé de proteſter contre cette invaſion, de laquelle cependant les Anglois prétendent aujourd'hui ſe faire un titre, que la France eſt bien éloignée de reconnoître.

La Baie des Goyogouins eſt à 6 lieues à l'Oueſt de Chouaguen; c'eſt un très bel endroit : une Preſqu'iſle bien boiſée élevée en amphithéâtre, s'avance au milieu de la Baie, & ſur la gauche en entrant on apperçoit une petite Iſle qui cache l'entrée d'une Riviere.

La Riviere du Fort des Sables eſt à 7 lieues de-là; c'eſt cet endroit que les Cartes Angloiſes nomment *Jron dequat Bay*. On trouve enſuite la Riviere de Caſ-

(41) J'ai placé ce Fort par la latitude de 43 dégrés 45 minutes, & par la longitude de 78 dégrés à l'Occident de Paris, ſuivant le Journal & les Obſervations du Pere Bonnecamp; cependant les Cartes Angloiſes de M. Green & de M. Mitchell, donnent 43 dégrés 22 minutes pour cette latitude. A l'égard de la longitude, je ne mets que 5 dégrés pour la différence des Méridiens entre Baſton & Oſwego; la Carte de M. Green y met près de ſix dégrés, celle de M. Mitchell 5 dégrés & quelques minutes, celle de M. Danville 4 dégrés 40 minutes, & enfin celle de M. Poople y met huit dégrés. L'erreur de cette derniere eſt bien ſenſible dans ma Carte de 1744, je ne la faiſois que de 3 dégrés & demi, & M. Robert en 1753, m'a ſuivi, ce qui reſſerre trop les Terres entre la Mer & le Lac Ontario, comme il eſt aiſé de le prouver, s'il en étoit beſoin.

H

conchiagon que les Anglois ont nommée depuis peu
New River ; effectivement ils n'en avoient aucune
connoiſſance, quoiqu'elle fût très connue des Cana-
diens, & célebre par une belle Caſcade, dont on par-
lera ci-après.

Cette Riviere eſt étroite, & il y a peu d'eau à ſon
embouchure dans le Lac Ontario ; elle s'élargit un
peu au-deſſus & forme une eſpece de baſſin, où l'on
prétend que les plus gros Vaiſſeaux pourroient être
à flot ; après l'avoir remonté 2 lieues, on trouve une
chûte ou caſcade qui a 60 pieds de haut : à une portée de fuſil plus haut, on en trouve une ſeconde qui
n'a que 20 pieds, une demi - lieue plus loin, une
troiſieme de cent pieds de haut bien meſurés ; après
on rencontre pluſieurs rapides & beaucoup de détours. Enfin, après avoir navigué cinquante lieues,
on apperçoit une quatrieme chûte qui ne cede en rien
à la troiſieme. Le cours de cette Riviere eſt de 100
lieues, & quand on l'a remonté environ ſoixante,
on n'a que dix lieues à faire par terre, en prenant à
droite, pour arriver à l'Ohio, ſurnommé la belle Riviere ; le lieu où on la joint s'appelle Ganos.

De l'embouchure de la Riviere de Caſconchiagon
à la grande Riviere aux Bœufs, 6 lieues ; la petite Riviere aux Bœufs eſt à une lieue à l'Oueſt de la grande,
enſuite le grand Marets, de-là à l'embouchure de la
Riviere de Niagara, 5 à 6 lieues.

On appelle ici Riviere de Niagara la Partie du
Fleuve S. Laurent qui tombe du Lac Erié (42) dans

---

(42) J'ai placé cette entrée par la Latitude de 43 dégrés 17 minutes 41
ſecondes, ſur l'obſervation que le P. Bonnecamp a faite au Fort de Niagara
en 1751. A l'égard de la longitude, c'eſt ſur l'eſtime que cet habile Ma-

le Lac Ontario. La Côte Orientale de ce bout de Riviere eſt maſquée de trois Montagnes qui ſemblent poſées les unes ſur les autres, & qu'il faut néceſſairement grimper pour ſe rendre au-deſſus du fameux Sault de Niagara ; cette pénible traverſée eſt de trois lieues, après leſquelles on peut s'embarquer pour remonter dans le Lac Erié.

Cette merveilleuſe caſcade a environ 140 pieds de haut, & non 600, comme l'ont avancé quelques Géographes ; elle ſe préſente en forme de fer à cheval d'environ 400 pas de circonférence, partagée par ſon milieu par une Iſle fort étroite, à la pointe de laquelle la caſcade ſe réunit & forme cette belle nappe qu'on ne peut regarder ſans étonnement.

Nous avons un Fort & un Etabliſſement aſſez conſidérable ſur la Côte Orientale de la Riviere de Niagara à ſon embouchure dans le Lac Ontario ; cet Etabliſſement (43) n'eſt pas nouveau. Je n'ai pas parlé de la Côte Septentrionale du Lac Ontario, qui n'a rien de remarquable, quoiqu'elle ſoit aujourd'hui beaucoup plus fréquentée à cauſe de la Traite ; cependant le chemin eſt plus long par ce côté pour aller à Niagara : on y trouve l'Iſle de Tonty à 3 lieues de Cataracouy, enſuite la Baie des Couis, qui a 2 lieues d'ou-

thématicien a faite de toutes ſes routes ſuivant l'air de vent & les diſtances, & qui étant réduites pour ce parallele, m'ont donné entre Cataracouy & Niagara, 1 dégré 54 minutes pour la différence des Méridiens, dont j'ai conclu la longitude de Niagara de 80 dégrés à l'Occident du Méridien de Paris.

(43) En 1678 M. de la Salle traça un Fort & des Magaſins à la Riviere de Niagara, & laiſſa le Chevalier de Tonty avec 30 hommes pour l'exécution de ſon projet, qui ne fut pas bien ſuivi ; en 1687, M. de Dénonville en bâtit un plus conſidérable, auquel il donna ſon nom ; mais celui de Niagara a repris le deſſus, & c'eſt celui qu'on lui donne aujourd'hui.

H ij

verture ; elle eſt profonde & communique avec un petit Lac qui ſe décharge dans le Lac Ontario par la Riviere de Quinté.

De-là aux Iſles de Quinté on compte 8 lieues. Ces Iſles ſont au nombre de trois, dont il y en a une fort grande : c'eſt vis-à-vis de la grande Iſle qui eſt fort près de la Côte, que la Riviere de Quinté ſe décharge dans le Lac ; à 9 lieues de-là on trouve la Riviere de Ganaraské & les petits Ecores. La Pointe à l'Orme eſt 16 lieues plus loin : cette Pointe forme l'entrée d'une Baie aſſez profonde, mais qui a peu de largeur ; c'eſt vers le fond de cette Baie qu'on a établi depuis quelques années le Fort de Taronto.

Quand on a fait le portage de Niagara, on ſe rembarque dans une Ance qui eſt à environ un quart de lieue au-deſſus de la chûte, preſque vis-à-vis une Riviere qui vient de l'Oueſt ſe décharger en cet endroit : on trouve enſuite dans le Canal une Iſle d'environ une lieue & demie de longueur, qu'on appelle la groſſe Iſle ; un peu au-deſſus il y en a une autre beaucoup plus petite, & à une lieue de-là on entre dans le Lac Erié.

Le Lac Erié eſt plus grand que le Lac Ontario ; il n'a pas moins de 60 lieues de long ſur 15 à 18 lieues de large. Toutes les Cartes & tous les Géographes lui en donnent (44) bien davantage : il tire, dit-on,

(44) L'Hiſtoire de la Nouvelle France dit qu'il a cent lieues de longueur, de l'Eſt à l'Oueſt, & que ſa largeur, du Nord au Sud, eſt de 30 lieues. Dans ma Carte de 1744, je lui avois donné plus de 90 lieues de long, en quoi j'ai été ſuivi par M. Robert en 1753, & par les Anglois, à l'exception de Mitchell, en 1755, qui ne l'a fait que d'environ 70 lieues. Un autre défaut de preſque toutes les Cartes, c'eſt de faire courir ce Lac Eſt & Oueſt, au lieu que ſon giſſement eſt Nord-Eſt & Sud-Oueſt.

ſon nom d'une Nation de la Langue Hurone, appellée les Eriés, c'eſt-à-dire Nation du Chat, qui habitoient au Midi de ce Lac ; les François lui ont donné le nom de Conty, qui n'a pas fait fortune.

Le Lac ERIÉ.

A 3 lieues & demie de l'entrée du Lac, en ſuivant la Côte Septentrionale, on trouve une Pointe qui s'avance au large environ 150 toiſes ; on la nomme la Pointe à Binaut. De cette Pointe à la grande Riviere, il y a 7 à 8 lieues : à 6 lieues plus loin, on trouve la Riviere à la Chenette, enſuite un gros Cap, nommé la Pointe à la Biche (45). A peu de diſtance de cet endroit, on trouve la grande Pointe, qu'on pourroit nommer l'Iſle Longue, puiſqu'elle eſt ſéparée de la grande Terre par un eſpace d'environ trois toiſes de largeur : on ne ſait pas au juſte ſa longueur, je crois qu'elle eſt au moins de 9 à 10 lieues, quoique quelques Auteurs lui en donnent 15 : on ne connoît pas mieux l'air de vent ſur lequel elle court, mais elle paroît former un peu le croiſſant en s'avançant vers le Sud-Eſt ; & pour éviter de faire le tour de cette grande Pointe, on fait un portage d'environ 60 pas. De la longue Pointe à la Pointe au Fort, environ 10 lieues ; entre deux il y a la Riviere à la Barbue & la Riviere Tonty.

De la longue Pointe à la Pointe (46) Pelée, il y

(45) On a pris hauteur ſur la Pointe à la Biche, ſa latitude eſt de 42 dégrés 55 minutes 39 ſecondes, & ſa différence en longitude avec Niagara, eſt de 1 dégré 17 minutes, ſuivant l'eſtime du Pere Bonnecamp en 1751.

(46) La latitude de la Pointe Pelée a été obſervée de 42 dégrés 9 minutes 10 ſecondes, à environ une lieue de diſtance de ſon extrêmité. C'eſt l'endroit où ſe fait un portage d'environ 150 toiſes, pour éviter de faire le tour de cette Pointe. Sa différence en longitude avec Niagara, eſt de 3 dégrés 3 minutes.

après de 30 lieues ; de la Pointe Pelée à l'entrée de la
Riviere du Détroit, qui eſt une continuation du Fleuve S. Laurent, il y a au moins 10 lieues ; la Riviere aux
Cedres eſt entre deux ; à 5 lieues au large de la Côte
il y a une Iſle d'environ 3 lieues de long, un peu plus
loin il y en a deux autres plus petites ; ce ſont les Iſles
du Serpent.

Après avoir traverſé la Riviere du Détroit, on par-
vient au fond du Lac Erié, où l'on trouve une Baie
qui s'avance dans les terres aſſez avant vers le Nord,
qu'on appelle Baie d'Oonanguiſſé. Entre cette Baie &
l'entrée du Détroit, il y a deux Rivieres, la Riviere
aux Cignes & la Riviere aux Rancoins. Par-delà l'entrée de la Baie d'Oonanguiſſé, il y a la Riviere des
Miamis, qui vient du Sud-Oueſt : en la remontant
environ 30 lieues, on trouve le Fort des Miamis, que
nous (47) avons établi du tems de M. de la Salle.
Les ſources de la Riviere des Miamis ſont fort voiſines
de celles de la Riviere à la Roche, qui tombe dans
l'Ohio.

A l'égard de la Côte Méridionale du Lac, je ne la
connois pas auſſi exactement ; cependant comme nous
avons des Forts dans cette Partie, j'ai raſſemblé quelques Remarques, dont je vais faire uſage. De l'entrée
du Lac à la Riviere Puante, 8 lieues, de-là à la Riviere aux Pommes, 10 à 11 lieues ; c'eſt en cet endroit
que l'on débarque quand on veut deſcendre dans l'O-

(47) Latitude obſervée au Fort des Miamis, 41 dégrés 18 minutes
18 ſecondes ; pour la longitude elle eſt conclue ſur l'eſtime de Frontes, qui
nous la donne de 85 dégrés 50 minutes à l'Occident de Paris. La Carte
Angloiſe de M. Mitchell met ce Fort 83 dégrés 50 minutes à l'Occident
de Londres, ou 86 dégrés 15 minutes de Paris, ce qui ne s'éloigne que
de quelques minutes ae nos combinaiſons.

hio par le Lac Tjadakoin. On fait un portage (48) de 2 lieues & demie, & l'on entre dans ce petit Lac (49) qui a environ 5 lieues de long Sud-Eſt & Nord-Oueſt, ſur une lieue & demie, & 2 lieues dans ſon plus large ; il ſort de ce Lac une petite Riviere qui ſerpente extrêmement, & qui ſe rend dans l'Ohio ou la belle Riviere, & à ce Confluant il y a un Village ſauvage de 14 ou 15 Cabannes, que nous nommons Kananouangon.

A 5 lieues à l'Oueſt de la Riviere aux Pommes, ou du Portage de Tjadakoin, on trouve la Preſqu'iſle, qui eſt une Langue de terre baſſe qui avance dans le Lac en demi-cercle & qui forme avec la Côte un petit Port ; nous y avons bâti un Fort qu'on appelle le Fort de la Preſqu'iſle : de ce Fort, on traverſe 5 à 6 lieues dans les terres pour ſe rendre à un autre Fort François, nommé Fort de la Riviere aux Bœufs, parcequ'il eſt ſitué ſur les bords de la Riviere de ce nom, par laquelle on deſcend dans l'Ohio. La Riviere aux Bœufs ſort d'un petit Lac qui n'eſt qu'à 2 lieues & demie des bords du Lac Erié.

Suivant la Côte du Sud du Lac Erié, on trouve la Baie de Canahogué, dans laquelle ſe décharge une Riviere qui prend ſa ſource dans un petit Lac à 6 à 7 lieues au Midi, auprès de pluſieurs Marais d'où l'on peut tirer du ſel.

La Baie de Sandoské eſt 12 lieues plus Oueſt ; à ſon entrée il y a trois Iſles, & une Riviere qui vient

(48) On a obſervé la latitude dans le portage de Tjadakoin, à environ une demi-lieue du Lac Erié, par 42 dégrés 21 minutes 54 ſecondes.

(49) On a des obſervations de latitude dans ce Lac, ſavoir au fond, 49 dégrés 19 minutes 55 ſecondes, & à l'autre extrêmité vers l'embouchure de la petite Riviere de Tjadakoin, 42 dégrés 12 minutes.

du Sud fe décharger dans le fond : nous y avons un Fort & une Habitation.

Revenons au Détroit qui fait la communication du Lac Erié avec le Lac Huron, & qui eft une continuation du Fleuve S. Laurent, comme nous l'avons déja dit.

A l'entrée du Détroit du côté du Lac Erié, il y a 2 Ifles qu'on appelle les Ifles aux Bois-blancs (50) ; au-deffus de celles-ci, il y en a une d'environ 3 lieues de longueur, & enfuite une autre beaucoup plus petite. La Riviere du Détroit depuis les Ifles aux Bois-blancs jufqu'au Fort, court environ (51) le Nord-Oueft un quart-Oueft ; la route eft de 5 lieues & demie. Sur la Rive Occidentale on trouve deux Rivieres ; favoir la Riviere aux Ecorces & la Riviere Rouge. Le Fort que (52) nous avons au Détroit a été établi il y a plus de 50 années, & nommé le Fort de Pontchartrain ; il eft fur la Côte Occidentale, avec trois Villages de Sauvages aux environs ; favoir les Poteouatamis à une lieue & demie du Fort en tirant vers le Lac Erié, de l'autre côté les Hurons, & à une lieue au-deffus d'eux, les Ouatouais. Le Détroit eft très bien établi, & nous avons formé une Ville fous le Fort qui porte ce nom.

A 5 lieues du Fort en remontant, la Riviere s'é-largit & forme un Lac qui a 5 lieues de long fur 4 de large, nommé Lac Ste Claire, à l'entrée duquel il y

(50) Latitude obfervée à l'Ifle aux Bois-blancs, 42 dégrés 17 minutes.
(51) Toutes les Cartes généralement font fautives en cet endroit, faifant courir cette partie du Détroit, les unes au Nord, les autres au Nord-Nord-Eft.
(52) La latitude du Fort du Détroit a été obfervée par 42 dégrés 27 minutes 52 fecondes.

a une Ifle qui porte le même nom. Deux Rivieres fe
déchargent dans le Lac ; fur la gauche celle des Hurons, peu confidérable, & fur la droite, une belle &
grande Riviere, dont j'ignore le nom & qu'on affure
pouvoir remonter (53) pendant 80 lieues fans y trouver aucun fault ni rapides qui interrompent la navigation, ce qui eft affez rare dans le Canada. Quatre
lieues au-deffus, du même côté, on trouve une petite
Riviere, fur les bords de laquelle il y a un Village de
Miffiffagués, placé fur un terrein fertile à l'entrée de
très belles Prairies. Nous avons eu autrefois dans cet
endroit un petit Fort, nommé le Fort du Luth. De-
là jufqu'au Lac Huron on compte 8 à 9 lieues du plus
beau Pays du Monde ; c'eft un Canal magnifique,
qu'on diroit tiré au cordeau, bordé de bois de hautes
futaies, féparé par de belles Prairies, & femé d'Ifles,
dont quelques-unes font affez grandes.

Lac HURON.

LE Lac Huron (54) eft à-peu-près de forme triangulaire, ayant fa Pointe à l'Oueft, & fa bafe à l'Eft ;
fa plus grande longueur eft d'environ 65 lieues, quoique toutes les Cartes la faffent de 90 & de 100 lieues.
Du côté du Sud il y a une très grande Baie, nommée
la Baie du Saguinam, qui a 5 à 6 lieues d'ouverture
fur 15 à 16 de profondeur, au fond de laquelle il y a
deux Rivieres. Sur celle qui vient du Sud - Eft, les

(53) J'ai été le premier en 1744, qui ait placé cette riviere fur les
Cartes : aucun Géographe ne la connoiffoit, la Carte Angloife de M.
Mitchell l'a marquée fous le nom de *New River*, Nouvelle Riviere.

(54) On lui a donné auffi le nom de Lac des Algonquins & de Lac
d'Orléans, mais ils n'ont pas fubfifté.

I

Ouatouaouais ont un Village ; on affure que le Pays eft très beau. Dix lieues au-deffus de la Baie du Saguinam, on apperçoit deux Rivieres affez grandes, à une lieue l'une de l'autre, & 5 lieues plus loin l'Ance au Tonnerre, qui a 3 lieues d'ouverture & affez peu de profondeur.

Michillimakinac eft un endroit fort célebre, fitué à l'extrêmité Occidentale du Lac Huron, vers l'entrée du Canal qui fait la commmunication du Lac Michigan. Quoique Michillimakinac foit une petite Ifle ronde, fort haute & ftérile, on donne ce nom à la Partie du Continent voifin qui fépare le Lac Supérieur du Lac Huron. En 1671, le P. Marquette vint s'y établir avec une Nation Huronne, qu'il engagea de s'y fixer : on y bâtit un Fort, & l'on fit de ce lieu un Pofte important ; mais il eft tombé peu-à-peu, & l'on a établi dans le Continent oppofé la Miffion de S. Ignace avec un petit Fort.

Un peu à l'Eft de Michillimakinac, on trouve le Détroit du Sault Ste Marie, qui fait partie du Fleuve S. Laurent & la communication du Lac Huron avec le Lac Supérieur ; ce Détroit eft formé par plufieurs Ifles, dont les plus confidérables font celles de Saint Jofeph & de S. Georges, & au-deffus par le Sault Ste Marie, où il y a un Village de Sauvages, une Miffion, un Fort & des Habitations Françoifes.

La Côte Septentrionale du Lac Huron eft coupée de plufieurs Rivieres qui viennent du Nord ; & dans prefque toute fa longueur elle eft couverte par l'Ifle de Manitoualin, qui a près de 50 lieues de long fur 2 ou 3 de large au plus. La Pointe Orientale de cette Ifle n'eft éloignée que de dix lieues de la Riviere des

François, qui eſt à l'extrêmité du Lac du côté de l'Eſt. Il eſt bon de remarquer que toutes les Cartes font cette diſtance de 30 à 35 lieues.

La Côte Orientale eſt ſemée d'Iſles, & coupée de Ruiſſeaux & de Rivieres qui ſortent de pluſieurs petits Lacs, dont le plus conſidérable eſt celui de Taronto, par lequel on communique avec le Lac Ontario.

La Riviere des François eſt ſemée de Saults & de Rapides ſi proches les uns des autres, que la Navigation eſt des plus dangereuſe. Elle eſt la décharge du Lac des Nipiſſings, qui a environ 12 lieues de long ſur 4 à 5 de large, & qui eſt tout rempli de petites Iſles : à l'Eſt de ce Lac, il y en a pluſieurs autres fort petits, par leſquels on communique moyennant quelques portages, avec la Riviere des Outaouais, qui vient ſe décharger dans le Fleuve S. Laurent au-deſſus de l'Iſle de Montreal, & l'on prend ſouvent cette route qui eſt beaucoup plus courte, pour ſe rendre à Michillimakinac, au lieu de remonter le Fleuve S. Laurent & de traverſer les Lacs Ontario & Erié ; mais auſſi elle eſt beaucoup plus fatigante par la quantité de rapides & de portages.

Lac MICHIGAN.

LE Lac Michigan a été nommé par quelques-uns Lac des Ilinois & Lac Dauphin. Il ſe decharge dans le Lac Huron, par conſéquent il fait partie du Fleuve S. Laurent : ſa longueur eſt d'environ 80 lieues du Nord au Sud ſur 20 & 25 de large. A ſon entrée on trouve les Iſles du Caſtor à droite, & les Iſles des

Ponteouatamis à la gauche. La Côte Orientale eft remplie de Rivieres & de Ruiffeaux fort près les uns des
autres, qui prennent leurs fources dans la Prefqu'ifle
qui fépare le Lac Huron du Lac Michigan. Ainfi ce
Pays eft très bien arrofé & fort beau. La plûpart néanmoins de ces Rivieres font peu larges, & ont peu de
profondeur à leur embouchure : ce qu'elles ont de fin-
gulier, c'eft qu'on y trouve, un peu au-deffus de leur
entrée, des Lacs de deux, de trois, & de quatre lieues
de circuit : les principales font la Riviere du P. Marquette, la Riviere S. Nicolas, la grande Riviere qui
prend fes fources affez près de la Baie du Saguinam,
la Riviere noire où il y a beaucoup de Gingfeng, &
la Riviere de S. Jofeph, celle-ci eft la plus confidérable : on la remonte près de 80 lieues en faifant nombre de finuofités ; elle vient de l'Eft. De cette Riviere
à celle des Miamis dont nous avons parlé, il n'y a
qu'un portage peu confidérable ; fes fources ne font
pas éloignées du Lac Erié : le Pays qu'elle parcourt
eft très beau ; les terres en font bonnes & couvertes
d'arbres d'une hauteur prodigieufe, fous lefquels il
croît en quelques endroits de très beaux Capillairs.

A 20 lieues de fon embouchure, nous avons un
Fort & une Miffion, qui portent le nom de S. Jofeph,
avec un Village de Sauvages Ponteouatamis.

A quelques lieues du Fort S. Jofeph, on trouve les
fources du Theakiki, Riviere affez navigable par laquelle on defcend dans celle des Ilinois, & de-là
dans le Fleuve Miffiffipy ; mais il y a une autre route
plus courte pour fe rendre de la Riviere S. Jofeph
dans celle des Ilinois, c'eft de ranger la Côte du Sud
du Lac Michigan jufqu'à la petite Riviere de Chica-

gou qu'on remonte 5 ou 6 lieues, d'où l'on paffe dans celle des Ilinois, après avoir fait deux portages, dont le plus long n'a que cinq quarts de lieue.

A l'égard de la Côte Occidentale du Lac, elle n'eft pas fréquentée, & par conféquent très peu connue ; mais vers fa Partie du Nord on trouve l'entrée de la Baie des Puans, nom qu'on donne à une Nation Sauvage qui l'occupe : cette Baie a 25 à 30 lieues de profondeur ; nous y avons un Fort très ancien, & une Miffion fous le nom de S. François-Xavier : le fond de cette Baie eft terminé par une chûte d'eau, au-delà de laquelle il y a un petit Lac qui reçoit la Riviere des Renards, qui vient de l'Oueft, par laquelle on fe rend dans celle d'Ouifcoufing en faifant un portage de 2 à 3 lieues, & cette derniere tombe dans le Fleuve Miffiffipy.

Le Lac Michigan n'eft féparé du Lac Supérieur que par une Langue de terre de 30 lieues au moins de longueur, qui en quelques endroits n'a que peu de largeur, & il n'eft gueres poffible de voir un plus mauvais Pays ; mais il eft terminé par une jolie Riviere nommée la Maniftie, fort poiffonneufe, & qui abonde furtout en Efturgeons.

Ces deux Lacs, auffi-bien que toutes les Rivieres qui s'y déchargent, font remplis de Poiffons de différentes efpeces ; les plus communs font le Hareng, qui vraifemblablement n'eft pas le même que celui de la Mer, la Carpe, le Poiffon doré, le Brochet, l'Efturgeon, l'Aftikameque ou Poiffon blanc, & furtout la Truite : on y en pêche de trois fortes, parmi lefquelles il y en a d'une groffeur monftrueufe, & en fi grande quantité, qu'un Sauvage en darde quelquefois jufqu'à 50 en trois heures de tems ; mais le plus excellent, c'eſt le Poiſſon blanc, qui eſt à-peu-près de la groſſeur & de la figure du Maquereau.

Lac Supérieur.

LE Lac Supérieur, auquel on a donné d'abord le nom de Lac Tracy & de Lac Condé, eſt beaucoup plus grand que les précédents. On lui donne au moins 80 lieues de long ſur 30, 40 & 50 lieues dans ſon plus large, ce qui rend ſa Navigation dangereuſe lorſque le vent eſt fort ; alors il n'y a pas d'autre parti à prendre que de ſe réfugier dans quelques-uns des petits Ports dont la Côte eſt aſſez bien garnie : on y trouve pluſieurs Iſles, parmi leſquelles il y en a de 7 à 8 lieues de long ſur 3 à 4 de large. Les princi-pales ſont l'Iſle Royale, l'Iſle Phelipeaux, autrefois l'Iſle Minong, l'Iſle Pontchartrain, l'Iſle Maurepas, l'Iſle Hocquart, l'Iſle Sainte Anne, & autres. Ce Lac reçoit un grand nombre de Rivieres, parmi leſquelles il y en a de conſidérables. Sur la Côte Septentrionale, vers le milieu, on trouve les Iſles de S. Ignace, qui ſont à l'embouchure d'une Riviere par laquelle on remonte dans le Lac Alimipegon, éloigné de 25 à 30 lieues du Lac Supérieur. Quoique tous ces lieux ſoient occupés depuis longtems par nos François-Traiteurs & par les Miſſionnaires, les con-noiſſances que j'en ai n'ont pas toute la préciſion re-quiſe : j'ignore la grandeur & la figure du Lac Ali-mipegon, les Rivieres qui s'y déchargent, auſſi-bien que la plus grande partie de celles qui tombent dans le Lac Supérieur.

Dans

Dans la partie Orientale du Lac Alimipegon, il y a une Riviere par laquelle on peüt fe rendre dans le fond de la Baie de Hudfon. On en doit la connoif-fance à un Habitant du Canada, nommé Perray, qui fit le premier cette route & donna fon nom à la Ri-viere ; fortant du Lac, on la remonte environ 40 lieues, enfuite on trouve plufieurs petits Lacs qu'il faut traverfer, & même faire quelques portages ; en-fuite il y a un Lac un peu plus grand où le cours des eaux fe partage ; car après l'avoir traverfé, la Riviere coule à l'Eft & va fe jetter au fond de l'Ance, à l'en-trée de laquelle le Fort Anglois de Moofe eft fitué, & dont nous avons parlé à l'Article de la Baie de Hudfon.

La Partie Méridionale du Lac Supérieur mérite-roit un détail particulier auquel nous ne fommes pas trop en état de fatisfaire. A 30 lieues de l'entrée, on trouve la Pointe de Kioneounan, c'eft une Prefqu'ifle qui s'avance confidérablement dans le Lac, & forme une Ance qui porte ce nom, à l'entrée de laquelle font les Ifles de S. François Xavier : 25 lieues plus loin font les Ifles de S. Michel & l'Ance de Chagouami-gon, au fond de laquelle étoit une Bourgade d'In-diens, où un Miffionnaire & quelques François vin-rent s'établir en 1661. Cette Bourgade, peu de cho-fe dans fon commencement, devint par la fuite très confidérable. En 1668, les Sauvages Outagamis, Sa-kis, Outaaouais, Hurons, & les Ilinois s'y rendoient pour la Traite ; plufieurs s'y fixerent : il s'y fait enco-re aujourd'hui affez de commerce ; elle s'appelloit la Miffion du S. Efprit. De l'autre côté du Lac, environ à 35 lieues de diftance, il y a un endroit très remar-

quable qu'on appelle Camaniftigouia ou les trois Rivieres, où nous avons un petit Fort : c'eft dans cet
endroit qu'on fe rend pour remonter vers nos Etabliffemens de l'Oueft, dont il convient de parler ici.

Ce n'eft pas d'aujourd'hui que nous favons qu'à
l'Oueft, & au Nord-Oueft du Lac Supérieur, il y
avoit une fuite de Rivieres & de Lacs très étendus,
communicants (55) les uns avec les autres, par le
moyen defquels on pouvoit s'avancer beaucoup vers
l'Oueft : on ne doutoit pas même de rencontrer l'O-
céan en fuivant cette route ; ainfi les nouvelles Découvertes des François dans cette Partie, n'ont fait que
confirmer nos conjectures & les changer en une forte
de certitude, en y joignant des connoiffances plus détaillées & plus exactes, dont voici le précis. Du fond du

(55) Dans une Carte manufcrite du Dépôt des Plans de la Marine,
dreffée en 1687 par le fieur Franquelin, Ingénieur Géographe, employé
dans la Nouvelle France, on trouve à l'Oueft du Lac Supérieur, des branches de Rivieres qui communiquent avec deux grands Lacs voifins l'un
de l'autre, qu'il nomme, l'un, Lac des Affiniboels, & l'autre, Lac des
Criftinaux, & de ce dernier il fort une Riviere par laquelle on fe rend
dans la Baie de Hudfon au Port Nelfon (c'eft la Riviere de Bourbon). Il
eft certain que ces deux grands Lacs font les mêmes que ceux que nous
nommons aujourd'hui Lac Ouinipigon & Lac Bourbon, & fur lefquels
nous avons des Etabliffemens. Une autre Carte auffi curieufe que la précédente eft celle qui a été dreffée fur les Relations du Sauvage Ochagat,
dont l'Original eft au Dépôt, qui nous donne la connoiffance de plufieurs
Lacs & branches de Rivieres qui portent beaucoup vers l'Oueft, & quoique cette derniere fût faite fur des eftimes fort fujettes à erreur, on y
reconnoît malgré cela un certain fond de vérité qui peut fe concilier avec
les Mémoires plus récens que nous avons aujourd'hui fur ces mêmes parties : ce font les Mémoires de Meffieurs de la Veranderie, Pere & Fils,
chargés par la Cour de l'établiffement de différens Poftes, pour affurer.
les nouvelles Découvertes, & le Journal de M. le Gardeur de S. Pierre,
Officier des Troupes du Canada qui fut en 1750 vifiter ces Poftes, avec
ordre de pouffer ces Découvertes le plus loin qu'il feroit poffible, & de
faire alliance & établir le Commerce avec les Nations Sauvages des Cantons les plus éloignés.

Lac

Lac Supérieur ou Poste de Camaniftigouïa, on remonte une Riviere pendant 25 lieues, alors on trouve la hauteur des terres ; c'eft l'endroit où les eaux commencent à couler vers l'Oueft. De la hauteur des terres au premier Etabliffement François, on compte 95 lieues, c'eft le Fort S. Pierre fitué à la décharge du Lac de la Pluie. Du Fort S. Pierre au Fort S. Charles, 80 lieues ; il eft bâti fur une pointe dans la Partie du Sud-Oueft du Lac des Bois. Du Fort S. Charles au Fort Maurepas, fur la Rive du Nord de la Riviere de Maurepas, proche l'entrée du Lac Ouinipigon, on compte 100 lieues. Du Fort Maurepas au Fort la Reine, 100 lieues ; il eft fur le côté du Nord de la Riviere des Affiniboels. Le fieur de la Veranderie avoit bâti un Fort fur la Riviere Rouge ; mais il a été abandonné, à caufe de fa proximité avec les deux précédents.

Du Fort la Reine il y a un portage d'environ trois lieues, par lequel on fe rend dans le Lac des Cignes, qui eft la Partie la plus Méridionale du Lac des Prairies, fur les bords duquel on trouve le Fort Dauphin ; & du Fort Dauphin, il y a une route par terre qui conduit au Fort Bourbon le plus Septentrional ; mais cette route n'eft guères pratiquée. On va du Fort Maurepas au Fort Bourbon par le Lac ; le plus Sud s'appelle le Lac Gouinipique ou Ouinipigon, & l'autre le Lac Bourbon : il faut avoir la Carte fous les yeux pour bien entendre la pofition de tous ces Poftes. A l'égard des Lacs & du cours des Rivieres, je ne crains point de dire que nos connoiffances font bornées, tant fur leur étendue que fur leur véritable giffement. Nous n'avons point d'Obfervations de Latitude dans aucun

K

de ces endroits ; & quoique j'ai diminué les diftances que nous donnent les Voyageurs, de plus d'un grand quart, je crains encore d'avoir donné trop d'étendue à toutes les Parties.

Le Fort Bourbon eft fitué près l'embouchure de la Riviere aux Biches qui fe décharge dans le Lac Bourbon du côté de l'Oueft, les Nations voifines font les Criftinaux des Lacs & petites Rivieres.

Du Fort Bourbon à la Riviere de Poskouyak il y a 30 lieues : nous avons bâti un Fort au bas de cette Riviere.

Après ce qu'on vient d'expofer il eft aifé de fixer fes idées fur ce qu'on nomme la Mer de l'Oueft, puifqu'il eft certain que l'Ocean borne ces Parties Occidentales de l'Amérique ; mais à quelle diftance, & comment ? C'eft ce qu'on a ignoré, & ce qu'on ignore encore. En vain quelques Géographes modernes ont voulu rajeunir ces anciennes notions ; leurs écrits, d'ailleurs pleins de recherches, ne prouvent, ni n'établiffent rien. A l'égard des Découvertes de l'Amiral Fuente, fur lefquelles ils fe font appuyés, je ne crains point de dire que la Relation (56) qu'on en a publiée en Angleterre, m'a paru trop fufpecte pour l'employer avec la même confiance : ainfi qu'on ne foit pas fur-

(56) Ce n'eft qu'en l'année 1750 qu'on a publié en France une Traduction de l'Anglois de la lettre écrite par l'Amiral Barthelemy de Fuente fur les Découvertes qu'il a faites, en 1640, de vaftes Pays fitués au Nord de la Californie, en cherchant s'il y avoit un paffage par le Nord-Oueft de l'Ocean Atlantique dans la Mer du Sud. On ne craint point de dire que cette prétendue lettre a été fabriquée par des Anglois qui avoient en vue de faire croire que la communication de la Mer du Nord avec celle du Sud étoit non-feulement poffible dans l'endroit où des interêts particuliers engagent de nouveau à la chercher, mais même qu'elle avoit été trouvée dès ces tems-là ; cependant cette Relation eft fi remplie de con-

pris fi ces prétendues découvertes ne trouvent pas de place dans ma Carte.

A l'égard des Terres que les Ruffes ont vues en 1741, je les ai placées par la Latitude & la Longitude indiquées dans la Relation de ce Voyage, que j'ai réduit à fa jufte valeur, bien loin de les lier avec les prétendues Découvertes de l'Amiral Fuente : car les Ruffes virent des Terres, & louvoyerent auprès, mais fans avoir pu connoître fi c'étoit des Ifles, ou le Continent, & les tentatives qu'ils firent pour y parvenir, loin de réuffir, leur furent funeftes, car ils perdirent leur Chaloupe avec dix hommes qu'ils avoient envoyés pour en prendre connoiffance.

ARTICLE III.

Les Côtes Orientales de l'Amérique, contenant les Pays poffedés par les Anglois, entre les Montagnes des Apalaches & l'Océan ; favoir la NOUVELLE ANGLETERRE, la NOUVELLE YORK, le NOUVEAU JERSEY, la PENSILVANIE, le MARYLAND, la VIRGINIE, la CAROLINE, & la NOUVELLE GEORGIE.

NOUVELLE ANGLETERRE.

Cette Province s'étend depuis le 41ᵉ dégré de La-

tradictions & fi mal conftruite, que l'ignorance & les vues de l'Auteur, s'y découvrent fans peine, ainfi je n'entrerai point dans un plus grand détail à ce fujet. Si malgré cela on me demande les preuves de ce que j'avance, & que je fuis en état de donner, je renverrai en attendant aux obfervations critiques fur les nouvelles découvertes de l'Amiral de Fuente, préfentées à l'Académie royale des Sciences, le 26 Mai 1753 ; à la lettre d'un Officier de la Marine Ruffienne à un Seigneur de la Cour concernant la Carte des nouvelles découvertes &c., traduite de l'Original Ruffe, à Berlin &c.; au n°. 15 & n°. 16 de la bigarure, du jeudi 4 Décembre 1752, à la Haye ; enfin à la Relation même.

titude Septentrionale jufqu'au 4ᵉ dégré, ce qui lui donne cent lieues communes de France , du Nord au Sud ; à l'égard de fon étendue de l'Eft à l'Oueft, on l'eftime environ 45 lieues.

Ses bornes du côté de l'Orient , font la Mer & la Riviere de Sagadahoc qui la fépare des Parties Méridionales du Canada , du côté du Nord, ces mêmes Terres du Canada; au couchant la nouvelle York, & au Midi la Mer & la longue Ifle nommée par les Anglois Long Ifland , qui dépend de la nouvelle York.

Les Anglois ont divifé la nouvelle Angleterre en cinq Provinces, favoir. du côté du Nord, la Province de Main ; à l'Oueft, Newhempfire ; au milieu, celle de Baie de Maffachuffets, & au Midi, Connecticut & Rhode Ifland.

Il eft bon de remarquer que contre les Traités ils ont pouffé des Etabliffemens jufqu'à la Riviere de Pentagoet qu'on a vu ci-devant appartenir aux François.

L'établiffement de la nouvelle Angleterre n'eft point ancien , & jufqu'au Voyage du Capitaine Bartholomée Gofnold en 1602 , les Anglois (57) n'avoient qu'une connoiffance imparfaite des Côtes , fous la dénomination vague de Virginie Septentrio-

____

(57) Les François avoient fait bien long-tems auparavant la Découverte de toutes ces Côtes , & y avoient commercé : on fait que dès l'année 1524, Jean Verrazzani, envoyé par le Roi François premier pour faire des découvertes dans l'Amérique Septentrionale, y aborda par les 34 dégrés de latitude , d'où il rangea la Côte én remontant vers le Nord, & étant arrivé par la latitude de 41 dégrés 40 minutes , il entra dans un Havre très beau où il mit à terre & commerça avec les Naturels du Pays. S'étant remis en Mer il continua de ranger la Côte, courant à l'Eft, au Nord , & enfuite au Nord-Eft, fuivant les différens giffemens des Côtes, & il s'avança ainfi jufques par les 50 dégrés de latitude Septentrionale.

nale ; le premier établiſſement qu'ils y formerent fût en 1608, à l'embouchure de la Riviere de Sagadaok ; cet établiſſement fut preſqu'auſſitôt abandonné par la mort du Lord Popham, qui protegeoit cette entrepriſe ; mais en 1614, Jean Smith revint à ces Côtes avec deux Navires, pénétra dans le Pays, en fit une Carte qu'il préſenta à ſon retour au Prince Charles, fils de Jacques premier, & ce Prince donna au Pays le nom de Nouvelle Angleterre. Smith y retourna dans le deſſein d'y établir une Colonie ; mais les Sauvages mécontens des Anglois s'oppoſerent à leur débarquement, & les obligerent de s'en retourner ſans avoir pu mettre du monde à terre. Une autre tentative qu'ils firent en 1619, ne réuſſit pas mieux : enfin én 1621, quelques Familles de Non-conformiſtes qui vouloient ſe retirer de l'Angleterre, s'embarquerent pour l'Amérique : après avoir traité avec les Conceſſionnaires de la Virginie Septentrionale, ils arriverent au Cap Cod, & s'avançant dans la Baie, ils s'établirent dans un lieu qu'ils nommerent le nouveau Plymouth.

En 1628 de nouveaux Colons vinrent d'Angleterre tenter un Etabliſſement dans la Baie de Maſſachuſſets : ils y bâtirent la Ville de Salem. L'année ſuivante il en arriva de nouveaux, & alors cette peuplade s'étendit, & forma les Villes de Charles-tovvn, Walter-tovvn, Dorcheſter, & Baſton, qui eſt aujourd'hui la Capitale de la nouvelle Angleterre.

Lorſqu'on conſidere les foibles commencemens de la Nouvelle Angleterre, on eſt étonné de la voir en ſi peu de tems devenir auſſi conſidérable qu'elle eſt aujourd'hui : on ne craint point de faire monter le nombre de fes Habitans à près de deux cens mille, divifés en différens Comtés (en Anglois Shires), dans lefquels on annonce beaucoup de Villes, dont la Capitale eft Bafton, fituée dans le Comté de Suf-folk.

Cette Ville eft bâtie au fond d'une Baie dont l'entrée eft couverte par un grand nombre de petites Ifles qui ne laiffent qu'un Canal fort étroit pour entrer dans le Port qui eft grand & fûr, défendu par une bonne Fortereffe, & par plufieurs Batteries, fous le feu defquelles il faut paffer en entrant; du côté de la Terre, la Ville eft défendue par divers Forts placés fur trois Hauteurs voifines; elle eft ornée de beaux Edifices, tant publics que particuliers, les rues font belles, & l'on y compte quatorze à quinze mille Habitans.

Il y a deux Eglifes ou Paroiffes, favoir celle du Nord & celle du Sud qui fervent aux Prefbyteriens ou Calviniftes dont la Religion eft la dominante; une Eglife Françoife, pour les Proteftans réfugiés de cette Nation; deux Maifons d'Affemblées, occupées l'une par les Anglicans ou Epifcopaux, & l'autre par les Anabaptiftes. Ce Port eft regardé comme le meilleur des Colonies Angloifes, & le Commerce qui s'y fait eft très confidérable.

La nouvelle Angleterre eft arrofée de plufieurs belles Rivieres qui ont prefque toutes leur cours du Nord au Sud, & le long defquelles il y a un très grand nombre d'établiffemens; ces Rivieres en reçoivent beaucoup d'autres plus petites, dont on ne peut faire le détail fans confufion : le feul moyen d'en prendre connoiffance, c'eft de les voir fur la Carte,

Il est vrai que celle que je publie aujourd'hui est en trop petit point pour les marquer ; mais je compte donner dans quelque tems des Cartes particulieres assez grandes, pour que tout ce qui concerne la Géographie de ces Provinces, y soit employé d'une maniere bien sensible, ainsi je ne parlerai ici que des plus considérables.

La Riviere de Sagadahoc qui fait les Limites de la nouvelle Angleterre, du côté du Levant, se décharge dans la Baie de ce nom : les Anglois cherchent aujourd'hui à changer le nom de cette Riviere en celui de d'Amariscoggin ; la Riviere de Kinibeki qui se décharge dans la Baie, prend ses sources plus à l'Est, & n'a jamais fait partie de la Nouvelle Angleterre : cependant les Anglois y sont établis, ils ont à son embouchure le Fort de Richemont, & 10 lieues au-dessus le Fort d'Halifax, bâti en 1754 ; outre ces petits Forts, on trouve aux environs de la Baie de Sagadahoc les Villages de Georges-tvvon, & de Francfort ; au midi de la Baie de Sagadahoc on trouve celle de Casco, au fond de laquelle est le Fort de ce nom ; aux environs Brunsvvik, Yarmout, Falmouth, &c.

La Riviere de Saco est à 3 lieues au Sud de la Baie de Casco ; de la Riviere de Saco à celle de Merimac il y a 16 à 17 lieues ; entre deux sont les Bourgs de Saco, Welles, York, Piscataqua, Portsmouth, Salisbury, & quelques autres endroits moins considérables : on trouve ensuite le Havre de Boston (58)

(58) J'ai placé la Ville de Boston par 42 dégrés 25 minutes suivant l'observation qui a été faite par M. Bratle en 1700, & par les 72 dégrés 57 minutes 15 secondes du Méridien de Paris, suivant le même Observateur.

dont nous avons parlé, la Baie de Barniſtable, le Cap Cod, & au Sud de lui les Iſles de Nantocket, & de Marthas Vineyard.

La Côte tourne en cet endroit vers l'Oueſt, & l'on y trouve les Iſles & la Baie de Rode Iſland, au fond de laquelle ſont les Villes de Briſtol & de la Providence.

L'embouchure de la Riviere de Connecticut eſt 12 lieues à l'Oueſt du Rhode Iſland : ſon cours eſt d'environ 80 lieues preſque Nord & Sud, & ſes ſources ſont voiſines de celles de la Rivierre de Saint François qui ſe décharge dans le Fleuve Saint Laurent : la gauche & la droite de ces Rivieres ſont habitées, de même que les Pays voiſins. Les Villes qu'on rencontre depuis ſon embouchure en remontant, ſont Seabrook, Hartford, Springfield, Northampton, Deerfield, Northfied, le Fort de Dumner, & celui de Stephens qui eſt environ à 40 lieues de la Mer ; depuis cet endroit juſqu'en haut de la Riviere il n'y a plus d'Habitations.

Au Midi de la Nouvelle Angleterre, il y a une Iſle d'environ 35 lieues de long, ſur 4 à 5 lieues de large, qui n'en eſt ſéparé que par un Canal de 3 à 4 lieues au plus, on l'appelle Long Iſland, ou la longue Iſle, à cauſe de ſa forme longue & étroite : elle eſt aſſez bien habitée, mais elle fait partie de la nouvelle York.

NOUVELLE YORK.

LA nouvelle York a pour bornes à l'Orient la nouvelle Angleterre, au Midi le nouveau Jerſey, à l'Occident

cident la Penfilvanie, & au Nord les Terres du Canada.

Les Anglois n'ont ni découvert ni habité les premiers ce Pays; ce font les Hollandois qui en 1609 en firent la découverte fous la conduite de Henri Hudfon
Anglois (95), attaché au Service de la Compagnie
Hollandoife des Indes Orientales, envoyé pour chercher un Paffage à la Chine & au Japon par le Nord de
l'Amérique : projet qui a long-tems occupé une partie des Nations de l'Europe, & que les Anglois re-
nouvellent aujourd'hui.

Ce Navigateur, après avoir inutilement cherché
ce paffage vers le Nord, prit fa route vers le Sud &
aborda au Cap Cod, d'où continuant de ranger la
Côte, il découvrit par les 40 dégrés de Latitude
une grande Baie, où il entra. Il apperçut une Riviere
qu'il remonta l'efpace de 60 lieues, & lui donna le
nom de Manhatte, qui étoit celui que les Habitans
du Pays lui donnoient, fuivant qu'il s'imagina l'entendre; mais depuis elle a été appellée Riviere de
Hudfon, nom de celui qui fit cette découverte, &
elle le conferve aujourd'hui.

(59) Hudfon atterra aux Côtes de la Nouvelle France par les 44 dégrés
15 minutes de latitude, cherchant un lieu propre à former un Etabliffement; mais fachant que cet endroit étoit occupé par les François, il continua de cingler au Sud jufqu'à 41 dégrés 43 minutes, que fe croyant au-
de-là des Poffeffions françoifes qui fe terminoient alors au Cap Cod, il
donna à ce Pays le nom de Nouvelle Hollande, dans l'idée qu'il n'étoit
point occupé; mais ayant bien-tôt reconnu qu'il étoit au Cap Cod même,
dont les François avoient pris poffeffion en 1605, & où ils avoient fait
des défrichemens en 1606, il leva l'ancre & s'avançant vers le Sud-Oueft
jufqu'au 40e dégré de latitude, il entra dans la Baie & dans la Riviére de
Manhatte &c. *Voyez Laet, liv. 3 chap. 7.* La conduite de Hudfon marque
que dès ces tems-là, les droits de la France, fur tous ces Pays, étoient
reconnus dans l'Europe, & qu'il n'y étoit feulement pas queftion d'Etabliffemens Anglois, & encore moins de leurs prétendus droits.

L

Quelques Marchands d'Amſterdam envoyerent dès l'année ſuivante des Navires dans cette Riviere pour y faire la Traite. En 1615, les Hollandois bâtirent dans une Iſle qui eſt à l'entrée de la Riviere, un Fort & la Ville de Manhatte qu'ils appellerent auſſi nouvelle Amſterdam, & toute cette Contrée prit le nom de nouvelle Belgique.

A environ 60 petites lieues de la nouvelle Amſterdam, ſur la Rive Occidentale de la Riviere de Hudſon, les Hollandois bâtirent la Ville d'Orange, dont les Anglois ont changé le nom en celui d'Albany. Les Hollandois leur ayant cédé la nouvelle Belgique en 1673, les Anglois l'appellerent nouvelle York, & donnerent ce même nom à la Capitale qui portoit celui de Manhatte ; c'eſt ainſi qu'ils ont changé preſque tous les noms anciens, croyant par ce moyen effacer la connoiſſance des premiers Poſſeſſeurs, & jetter dans la Géographie une obſcurité avantageuſe à leurs prétentions.

On diviſe aujourd'hui la nouvelle York en Comtés, qu'on prétend contenir plus de cinquante mille Ames, & pluſieurs Villes ; les Principaux de ces Comtés ſont Nevvyork, Cheſter, Suffolk, Comté du Roi, Comté de la Reine, Veſter, & Albany.

La Ville de Newyork (60) eſt la Capitale de tout le Pays : elle eſt ſituée ſur la Pointe Méridionale d'une

______

(60) J'ai placé Newyork par 40 dégrés 43 minutes de Latitude, & par les 76 dégrés 29 minutes à l'Occident du Méridien de Paris, ſuivant une obſervation de M. Burnet en 1723, rapportée par M. Green ſur ſa Carte de 1753, & dans ſon Mémoire, il la dit de 57 dégrés 22 minutes 30 ſecondes, Méridien de l'Iſle de Fer, ce qui revient au 77 dégré 22 minutes du Méridien de Paris ; ainſi il y a une différence d'environ 53 minutes entre la longitude inſcrite ſur ſa Carte, & ſur celle rapportée dans ſon Mémoire, mais c'eſt la derniere qui eſt fautive, & la Carte de M. Mitchell, eſt d'accord avec la premiere.

Ifle de 4 lieues de long, fur une de large, à l'embouchure de la Riviere de Hudfon ; cette Ville qui étoit
très peu de chofe du tems des Hollandois, eft de-
venue confidérable, & l'on n'y compte pas moins de
8000 Ames ; la Côte forme en cet endroit une Baie
de 3 à 4 lieues de profondeur, fur une & demie de
largeur ; on laiffe à droite en entrant la Long-Ifland,
& à gauche l'Ifle des Etats.

La Riviere de Hudfon dont le Cours eft prefque
Nord & Sud, prend fes fources aux environs du Lac
du Saint Sacrement vers l'Oueft de ce Lac, par les
44 dégrés de Latitude. Le premier Fort Anglois de
ce côté-là eft Sarafthoga ; à fix lieues au-deffous de
ce Fort, on trouve du même côté l'embouchure d'u-
ne Riviere qui remonte à l'Oueft plus de 25 lieues,
ils l'appellent aujourd'hui Mohayvks : elle a porté anciennement les noms de Corlar & d'Albany. Cette
Riviere eft remarquable par une chûte ou Cafcade
de plus de 60 pieds de haut, fituée un peu au-deffus
de fon embouchure, dans la Riviere de Hudfon : la
Ville de Schenectady eft fur la Rive Méridionale.
A fept lieues au-deffus, on trouve le Fort Hunter à
l'embouchure de la petite Riviere de Schoharie, qui
vient du Sud, & coule entre deux chaînes de Montagnes, fur les bords de laquelle il y a 3 Villages d'Allemands, venus du Palatinat ; les fources de cette
Riviere ne font pas éloignées plus de 4 lieues du Lac
Oneido, aux environs duquel ces Sauvages font
établis ; de ce Lac on fe rend dans la Riviere de
Chouaguen (61), qui fe décharge dans le Lac Onta-

(61) Dans leurs nouvelles Cartes, les Anglois ont changé le nom de
la Riviere de Chouaguen en celui d'Onandago.

rio, & à l'embouchure de laquelle ils ont bâti le Fort d'Ofvvego, dont on a parlé ci-devant, à l'article du Lac Ontario.

La Ville d'Albany eft fituée deux lieues au-deffous de l'embouchure de la Riviere de Mohavvck, dans celle de Hudfon, fur la Rive Occidentale. Cette Ville eft bien peuplée aujourd'hui, & fait beaucoup de Commerce : depuis Albany jufqu'à la Mer, la Riviere de Hudfon eft navigable pour d'affez grandes Barques, n'y ayant ni chûtes ni Cataractes : elle reçoit à droite & à gauche plufieurs petites Rivieres, le long defquelles il y a des Habitations.

La PENSILVANIE.

LA Penfilvanie eft une Contrée de l'Amérique Septentrionale, ayant au Nord le Pays des Iroquois & les Terres de la nouvelle France, à l'Eft le nouveau Jerfey ; au Midi, le Maryland, & à l'Oueft une chaîne de montagnes que les Anglois appellent *Allegany Montains*, qui n'eft autre chofe que la continuité des Montagnes des Apalaches.

Cette Province doit fon nom à William Pen, zelé Quaquer, qui fe retira dans cette Partie du Monde, avec un grand nombre de ceux de fa Secte qu'on inquiétoit en Angleterre ; ce fut en 1680 qu'il obtint des Lettres Patentes pour lui affurer la propriété de ce Pays, qu'il avoit hérité de fon Pere (62). Il y

(62) Le Chevalier Guillaume Pen, attaché au Duc d'York, Grand Amiral d'Angleterre, avoit eu une promeffe du Roi Charles II pour la conceffion de cette partie de l'Amérique : étant venu à mourir, fon Fils qui portoit le même nom, l'obtint en récompenfe des fervices de fon Pere.

envoya quelques Anglois pour préparer le Pays , &
y passa en 1681 avec une bonne Colonie : il obtint
ensuite une Chartre de Charles second , pour joindre
à la Pensilvanie quelques Parties du nouveau Jersey ,
qu'il avoit achetées des Héritiers de Sir Georges
Carteret.

Les Anglois divisent la Pensilvanie en sept Comtés (63) , savoir trois vers le Nord , Berks , Northampton & Bucks , & quatre au Midi , Cumberland , Lan-
castre , York & Philadelphie.

Dans le Comté de Philadelphie (64) il y a la Ville
de ce nom, grande & belle , Capitale de la Province ,
& dans laquelle on compte 13 à 14 mille Ames ; elle
est située entre deux Rivieres, la Delaware & la Schuyl-
kill. La premiere est la plus considérable ; elle vient
de fort loin dans les terres , se partageant en deux
branches , environ 20 lieues au-dessus de Philadelphie , dont l'une se nomme la branche de l'Est , qui
remonte près de 40 lieues vers la nouvelle York ; &
l'autre, branche de l'Ouest , qui coule parmi des chaînes de Montagnes inconnues : cette Riviere se décharge dans la Baie de Delaware ; elle forme un très
beau Port vis-à-vis de la Ville , où l'on a bâti un

(63) Voyez l'Empire Anglois dans l'Amérique , *Édition de Londres 1741*
vol. I. pag. 297. Il divise la Pensilvanie en Haute & Basse , la Haute
contient trois Comtés , Buckingham , Philadelphie & Chester : la Basse en
contient trois , New-castle , Kent & Sussex. J'ai suivi par préférence M.
Mitchell dans sa Carte de 1755 , parcequ'en Géographie , on donne , toutes choses égales , la préférence au Moderne , attendu les Révolutions
& les changemens journaliers.

(64) La Latitude de Philadelphie , est de 40 dégrés suivant Messieurs
Green & Mitchell , & sa Longitude est de 77 dégrés 45 minutes , Méridien de Paris , selon les mêmes Auteurs , & suivant la nouvelle Edition
de la Carte Angloise de la Virginie , publiée à Londres en 1751.

Quai, près duquel des Vaiſſeaux de 500 tonneaux peuvent aborder.

Les Habitans de Philadelphie étoient preſque tous Quakers ; mais à préſent il y a différentes Sectes de Proteſtans, & même, dit-on, des Catholiques, & ils vivent bien les uns avec les autres.

Outre la Capitale il y a dans la Penſilvanie pluſieurs autres Villes aſſez bien peuplées ; mais la plus conſi-dérable eſt celle de Francfort dans le même Comté, dont la plus grande partie des Habitans ſont Suédois & Hollandois : ce ſont les reſtes de la nouvelle Bel-gique & de la nouvelle Suede, noms que les premiers Poſſeſſeurs avoient donnés aux Parties dont nous ve-nons de parler.

La Penſilvanie a environ 40 lieues de l'Orient à l'Occident, ſur 60 du Nord au Sud, à prendre, ſui-vant la Carte dont nous avons parlé, entre le 40e & le 43e dégré de Latitude Septentrionale ; cette poſition devroit en rendre le climat à-peu-près ſemblable à celui de l'Eſpagne ; cependant il eſt en général plus froid & les hivers plus longs, ce qui vient de ce que pendant neuf mois de l'année les vents ſoufflent preſque toujours du Nord-Oueſt ; alors paſſant par-deſſus les Lacs & les Montagnes du Canada, ils ſe chargent de frimats & d'un air froid qui va ſouvent juſqu'à glacer les Rivieres dont tout le Pays eſt coupé : mais malgré cela la terre eſt fer-tile & graſſe, les bleds, les légumes, les fruits y viennent au mieux. Ce qu'on cultive plus communé-ment, c'eſt le bled d'Inde, le Chanvre & le Lin ; les arbres ſont le Chêne, le Hêtre, le Frêne, le Noyer, le Cyprès, le Cedre & pluſieurs autres. Il y a des Quadrupedes de différentes especes, comme Elans, Daims, Loups, Renards, Loutres, Caſtors, Rats muſqués, Lapins, Ecureuils, &c. On y a auſſi tranſporté des Bœufs, des Chevaux & du menu bétail qui a beaucoup multiplié, de ſorte que les Habitans, qu'on appelle Planteurs, parcequ'ils s'appliquent à la culture des terres, y ont des troupeaux extrêmement nombreux.

Nouveau Jersey.

LE Nouveau Jerſey eſt une petite Province ſituée entre le Maryland, la Penſilvanie & la Nouvelle York : ce ſont les Suédois qui s'y ſont établis les premiers vers l'année 1639. Ils nommerent ce Pays Nouvelle Suede & y bâtirent trois Villes, ſous les noms de Criſtina, Elſimbourg & Gottembourg. Mais ils n'en furent pas long-tems les maîtres : en 1655 ils ſe donnerent aux Hollandois établis dans la Nouvelle Belgique. On diviſe le Nouveau Jerſey en Jerſey Oriental, & Jerſey Occidental (65) ; mais il ſeroit diviſé bien plus naturellement en Septentrional & Méridional, comme on le peut voir par la Carte. La Partie Méridionale eſt bornée au Couchant par la Rivierre de Delavvare, au Midi par la Baie de ce nom & le Cap May, à l'Orient par l'Océan Atlantique, & au Nord par le Jerſey Septentrional. Celui-ci a pour bornes la Penſilvanie à l'Oueſt, au Nord & à l'Eſt la nouvelle York, & au

(65) L'Empire Anglois dans l'Amérique, cité ci-devant p. 282 & 283, diviſe ainſi le New Jerſey, & ne nomme que quatre Comtés, ſavoir, Berghen, Eſſex, Midleſen, & Monmouth ; mais cela n'eſt pas exact.

Sud le Jersey Méridional : chaque partie est partagée en Comtés, suivant l'usage des Anglois. Les Comtés du Jersey Septentrional, sont Morris & Berghen, presque déserts ; le Comté d'Essex où est la Ville nommée Elisabeth Tovvn, peu considérable ; ensuite les Comtés de Hunterdon où est Trenton, Sommerset avec la Ville de ce nom , Middlesex où est Brunsvvik. Le Jersey Méridional comprend les Comtés de Monmouth & Burlington où est la Ville de ce nom ; ceux de Salem , de Glocester , de Cumberland & du Cap May , ce dernier est sans Habitans ; les autres ont de petites Villes qui portent le nom du Comté ; mais il s'en faut beaucoup que le Nouveau Jersey soit aussi bien peuplé que les Colonies voisines.

LE MARYLAND.

LE Maryland est une Province située aux environs de la fameuse Baie de Chesapeak , la plus belle qu'il y ait dans cette partie de l'Amérique. Le Lord Baltimore en demanda en 1631 la propriété au Roi Charles premier , qui la lui accorda en y donnant le nom de Maryland : mais ce Lord étant mort avant l'expédition des Lettres patentes, son Fils suivit son projet , & envoya en 1633 une Colonie dans sa nouvelle Conceffion , & quoiqu'elle ne fût pas considérable , elle ne tarda pas à le devenir par les secours qu'elle tira de la Virginie & de la Nouvelle Angleterre.

Cette Province, qui a environ 50 lieues de long , sur 30 à 35 de large , est située entre le 38e & le 40e dégré de Latitude ; ses bornes sont, du côté de l'Est,

les

lesbas Comtés de la Penſilvanie; du côté du Couchant la Riviere de Patovvmak qui la ſépare de la Virginie; du côté du Nord la Penſilvanie, & au Midi
une partie de la Baie de Cheſapeak.

Le Mariland eſt diviſé en Comtés, ſavoir, du côté
de la Baie de Delavare, les Comtés de Neucaſtle, de
Kent & de Suſſex, avec les Villes de Neucaſtle,
Saint Georges, Noxan, Douvre & Levvis ou Louis.
Du côté de la Baie de Cheſapeak, les Comtés de
Talbot & de Dorcheſter avec les Villes de Cheſter,
de la Reine, d'Oxford, de Balinbrouk & celle de
Sommerſet. On donne le nom de Villes à ces endroits dont la plûpart ſont peu de choſe, & preſque
tous ſituės à l'embouchure de petites Rivieres. A
l'Oueſt de la Baie le Comté de Baltimore & la Ville
de ce nom, le Comté d'Anne Arrundel avec la Ville d'Annapolis ſituée ſur la Severn petite Riviere, &
Londres autre petite Ville, & les Comtés de Charles & de Sainte Marie; dans le premier il y avoit les
Villes de Uper Malboro, & de Charles Tovvn qui
ne ſont plus rien; mais dans l'autre il y a la Ville de
Sainte Marie. A l'égard de la qualité du Pays, elle
eſt à-peu-près la même que celle des Pays voiſins
dont nous venons de parler.

Au fond de la Baie de Cheſapeak, il ſe décharge
une Riviere qui vient de fort loin dans les Terres, &
dont le cours n'eſt pas bien connu, on l'apelle Suſ-
quehanna, elle traverſe une grande partie des Montagnes des Apalaches, & l'on croit qu'à environ 35
lieues au-deſſus de ſon embouchure, elle ſe partage
en deux branches, dont celle qu'on appelle branche
de l'Eſt, remonte vers le haut de la Nouvelle York,

M

& dont les sources sont 15 lieues au plus, au Couchant de la Ville d'Albani, & par conséquent voisines des Cantons Iroquois que les Anglois appellent
Tascarorin & Mohoks, de sorte que ses sources se-
roient par les 43 dégrés, & son embouchure par les
39 dégrés & demi de Latitude; & comme elle fait
beaucoup de sinuosités & de détours, on lui donne
plus de 100 lieues de cours; mais il n'est pas aisé de
la remonter, étant embarrassée dant différens endroits
d'Isles & de Chûtes ou Cascades : on dit qu'il y a
une mine de Cuivre assez abondante qui n'est éloignée que d'environ 30 lieues de son embouchure.

LA VIRGINIE.

LA Virginie est une grande & belle Province qui
a du côté de l'Occident les Montagnes des Apalaches, à l'Orient elle a la Riviere de Patovvmack &
la Baie de Chesapeak, au Midi la Caroline, & au
Nord la Pensilvanie & le Mariland. Elle est située entre les 36 dégrés 30 minutes, & les 39 dégrés 40
minutes de Latitude. Elle peut avoir du Nord au Sud
80 lieues, & de l'Est à l'Ouest plus de 50. Le Climat
en est doux & sain, & le Terrein bon & fertile, aussi
cette Province est-elle extrêmement peuplée, & l'on
ne craint pas aujourd'hui de faire monter le nombre
de ses Habitans à cent quarante mille Ames; il est vrai
qu'on y comprend les Réfugiés François qui s'y reti-
rerent après la révocation de l'Edit de Nantes, &
beaucoup de Negres qu'on y a transportés depuis le
commencement de ce siecle, pour faciliter la culture
des Terres.

Les Anglois n'ont commencé qu'en 1584 à fréquenter ces Côtes dont les François avoient fait la découverte 60 ans auparavant (66). Ce fut Sire Walter Raleigh qui, aidé de quelques Négocians, arma deux Vaiſſeaux dans le deſſein de découvrir de nouvelles Terres; il aborda dans une petite Iſle ſituée tout auprès de la Côte entre la Baie de Cheſapeak & le Cap Fear; ce Voyage fut heureux, on traita avec les Sauvages, & l'on revint en Angleterre avec des fourrures & quelques autres productions du Pays, parmi leſquelles il y avoit du Tabac, le premier qui ait entré dans ce Royaume. Comme la Reine Eliſabeth regnoit alors, on a donné au Pays le nom de Virginie. Ce ſuccès encouragea les Entrepreneurs, ils y renvoyerent l'année ſuivante 1585, avec deſſein d'y former un Etabliſſement; on aborda au même endroit, & l'on débarqua dans l'Iſle 100 hommes; mais cet Etabliſſement ne réuſſit pas, & après quelques tentatives pour le ſoutenir, les Anglois l'abandonnerent, ſe contentant de commercer le long de la Côte ſans ſe fixer, juſqu'en 1606, que des Marchands de Londres entreprirent de nouveau de s'établir dans la Virginie; ils envoyerent une Colonie qui bâtirent une Ville ſous le nom de James Town. Ils la placerent ſur une Pointe de la Rive Septentrionale de la Riviere James à 10 lieues de ſon embouchure vers l'entrée de la Baie de Cheſapeak : cette Ville doit être regardée comme la Capitale de la Virginie & le berceau de toute la Colonie, quoi-

(66) On a vu ci-devant que Verazzani, envoyé par François premier pour faire des découvertes dans l'Amérique Septentrionale, avoit rangé ces Côtes en 1527, y avoit abordé & traité avec les Naturels du Pays.

que par elle-même elle n'ait jamais été fort considérable, & qu'actuellement il n'y ait que 70 Maisons.

Il en sortit en 1609 deux petites Colonies qui s'établirent, l'une à Povvhatan, & l'autre à Nausamond. Les Anglois eurent alors beaucoup à souffrir des Sauvages qui les auroient entierement détruits & chassés du Pays s'ils n'avoient reçu à propos des secours d'Europe ; depuis ce tems on a continué d'en envoyer, & de considérables; ainsi cette Colonie s'est accrûe & est venue au dégré de puissance où nous la voyons aujourd'hui.

La Virginie est arrosée de plusieurs grandes Rivieres qui prennent leurs sources dans les Montagnes des Apalaches, & viennent se décharger dans la Baie de Chesapeak, elles reçoivent toutes un grand nombre de Ruisseaux ou petites Rivieres que les Anglois appellent Cricks, ce qui peut contribuer à la fertilité, & facilite la communication entre les divers Etablissemens.

Les principales Rivieres font au nombre de quatre, aux environs desquelles font situés les Comtés qui partagent la Virginie en vingt-neuf parties.

1°. La Riviere de Patovvmack prend ses sources fort avant dans les Montagnes, elle commence par courir une quinzaine de lieues vers le Nord en recevant plusieurs petits Cricks, ensuite son Cours tourne vers l'Est, c'est à ce premier coude qu'est situé le Wills Crick, vis-à-vis de làquelle on a bâti depuis peu le Fort de Cumberland qui, à proprement parler, n'est qu'un Magasin fortifié d'une enceinte de pieux. Depuis le Wills Crick, la Riviere coule à l'Est l'espace de 18 à 20 lieues, d'où elle prend son cours

vers le Sud en faifant plufieurs détours ; dans cet efpace, elle reçoit quatre Rivieres qui viennent du
Midi, coulant entre les chaînes des Montagnes, favoir
Wappoçamo, Cacapehon, Opeckon & Shenando.
C'eft à la tête de la Riviere de Opeckon que l'on a
bâti une petite Ville qu'on appelle Frédéric Tovvn
ou Winchefter. Cette Ville eft fur la route que l'on
prend pour traverfer les Montagnes, & fe rendre à
Wills Crick.

Depuis l'entrée de la Riviere de Shenando dans
celle de Patovvmack jufqu'à l'embouchure de cette
derniere dans la Baie de Chefapeack, on compte
plus de 50 lieues. Cette embouchure eft par les 38
dégrés de Latitude, la Riviere eft navigable pendant
plus de 30 lieues pour de petits Bâtimens jufqu'à
Belhaven qu'ils nomment depuis peu Alexandrie :
quelques lieues au-deffus de cette Ville, on trouve
le grand Sault qui a au moins 3 lieues de long, &
qui interrompt la Navigation.

Au-deffous d'Alexandrie, on trouve la petite
Ville de Colchefter fur la Riviere d'Occoquan, enfuite Dunfries, & plus bas Nevv Marleboro.

2°. La Riviere de Rappahanok, qui defcend des
Montagnes par deux branches principales qui fe joi-
gnent un peu au-deffus de la Ville de Frederifbourg,
fituée fur la Rive Méridionale, & vis-à-vis de laquelle,
de l'autre côté de la Rive, eft celle de Falmouth, toutes deux peu confidérables.

On trouve, en defcendant, les Villes de Port-Royal,
Leeds, Rappahanok, & celle d'Urbanna à 5 lieues
de fon embouchure dans la Baie de Chefapeak, &
beaucoup d'Habitations particulieres répandues des
deux côtés.

3°. La Riviere d'York, dont l'embouchure eſt environ 6 lieues au Midi de celle de Rappahanok ; l'entrée de cette Riviere a près d'une lieue & demie de
large, pendant l'eſpace de 3 lieues ; enſuite on trouve une Pointe qui s'avance & retrécit le Paſſage, défendu par deux Forts, l'un à droite & l'autre à gauche, près deſquels ſont du côté du Nord la Ville de
Glocefter, & du côté du Sud celle d'York. Sept lieues
au-deſſus, la Riviere d'York ſe partage en deux branches, au Confluent deſquelles eſt la Ville de Delaware ; celle de l'Eſt s'appelle la Riviere de Matta-
pony, ſur laquelle on trouve Walkerton ; celle de
l'Oueſt s'appelle la Riviere Pamunkeyc, où ſont les
Villes de Cumberland & de Newcaſtle.

4°. La Riviere James, dont l'embouchure eſt vis-
à-vis l'entrée de la Baie de Cheſapeak, à 5 lieues à
l'Oueſt du Cap Henri. En entrant dans cette Riviere,
on trouve le Fort Georges, bâti ſur la Pointe de Com-
fort, & tout auprès la Ville de Hampton ſituée dans
un enfoncement. En remontnt la Riviere à dix lieues
de l'entrée, il y a James Town, dont nous avons
parlé ci-devant, & vis-à-vis d'elle Cobham. Dix
lieues au-deſſus, la Riviere James en reçoit une qui
vient de l'Oueſt, ſur laquelle ſont Blandford & Pe-
terſbourg, & au Confluent Bermuda. En continuant
de remonter la Riviere James, on trouve Cheſter,
Richemond & Weſtham, petites Villes voiſines les
unes des autres. Les deux dernieres ſont ſituées auprès d'une chûte conſidérable formée par une ſuite de
Rochers & d'Iſles qui occupent toute la Riviere l'eſpace d'une grande lieue. Dix lieues au-deſſus de cette chûte ou ſault, la Riviere James perd ſon nom &

se partage en deux branches ; celle du Nord s'appelle
Rivanna , & l'autre qui eft beaucoup plus confidérable & qui vient de très loin dans les Montagnes ,
courant prefque toujours à l'Oueft , s'appelle Flu-
vanna.

Il ne refte plus, pour donner une ideé plus étendue
de la Virginie , qu'à nommer les différens Comtés
qui la partagent , & qui font au nombre de 42 , defquels il y a un grand nombre dont les dénominations
ont été placées fur des terreins François & fur lefquels il n'y a jamais eu d'Etabliffement Anglois. Mais
il eft bon de faire connoître les idées chimériques de
leurs Faifeurs de Cartes nouvelles.

Du côté du Nord ils mettent les Comtés Fréde-
rik , Fairfax , Prince William , Stafford , Culpepper.

Dans le milieu , les Comtés de Orange , Spoftfyl-
vania , du Roi Georges , Richemond , Weftmorland ,
Lancaftre , Nortumberland , Accomak , Northampton , Glocefter , Midlefex , du Roi & de la Reine ,
Effex , de la Cité Elifabeth , Warvvik , York , la Cité James , où eft la Ville de Williamfbourg , fituée
au milieu de la Prefqu'ifle , entre la Riviere d'York &
celle de James dont nous n'avions pas parlé ; la Cité
Charles , Newkent , Caroline , Hanovre , Henrico ,
Goochland , Albermale , Louifia , Orange.

Du côté du Midi font les Comtés de Lunebourg ,
Cumberland , Amelie , Prince Georges , Brunfwick ,
Surrey , Soupthampton , Ifle de Wicht , Nandfemond ,
Norfolk , & celui de la Princeffe Anne. Il y a encore
dans les Montagnes le Comté d'Augufte fans aucunes
Habitations.

La CAROLINE.

LA Caroline eſt une grande Province de l'Améri-que', ſituée entre le 36ᵉ dégré 30 minutes & le 32ᵉ dégré de Latitude ; elle a au Nord la Virginie, au Midi la nouvelle Georgie, dont elle eſt ſéparée par la Riviere de Savannah, à l'Orient l'Océan, & au Couchant les Montagnes des Apalaches & pluſieurs Nations Sauvages de la Floride, chez leſquelles les Anglois tentent depuis quelques années de former des Etabliſſemens, dans la vûe d'étendre leurs limites ; prétentions auxquelles les François s'oppoſent.

La Caroline a porté fort long-tems le nom de Floride Françoiſe ; car quoique les Eſpagnols l'euſſent découverte dès l'année 1512, comme ils n'avoient fait aucun Etabliſſement dans le Pays, les François crurent être en droit de s'y établir. En conſéquence, en l'année 1562, ils parcoururent ces Côtes depuis le 30ᵉ dégré de Latitude, donnant aux Rivieres du Pays les noms de celles de France ; ils ſe fixerent à l'embouchure (67) d'une d'entr'elles, & y bâtirent un Fort qu'ils nommerent Charles-Fort, en l'hon-

(67) En 1562 Jean Ribault partit de France avec deux Bâtimens : il aborda aux Côtes d'Amérique par la Latitude de 30 dégrés. Il nomma Cap François la premiere Pointe qu'il vit ; peu après il trouva une Riviere qu'il nomma la Riviere des Dauphins ; continuant d'aller au Nord, il en nomma une autre, Riviere de May ; 14 lieues plus loin, une autre fut nommée la Riviere de Seine ; & toutes les ouvertures qu'il crut être des entrées de Rivieres, reçurent les noms de Rivieres de Somme, de Loire, de Charente, de Garone, Gironde, &c. Enfin cherchant la grande Riviere du Jourdain, il entra dans une Riviere que les Eſpagnols ont appellée depuis, la Riviere de Sainte Croix, & dont les Anglois ont encore changé le nom en celui d'Edifco, le Port fut nommé Port-Royal, & le Fort qu'il y bâtit fut nommé Charles-Fort.

neur

ħeur de Charles IX Roi de France. Cet Etabliſſement n'ayant pas reçu de France les ſecours néceſſaires, ſe détruiſit ; mais en 1562 les François armerent, dans le deſſein de ſoutenir leur premier Etabliſſement : ils aborderent le 22 Juin de cette année, à la Floride, & étant entrés dans la Riviere de May, ils réſolurent de s'y établir : ayant appris que Charles-Fort avoit été abandonné, ils y bâtirent un Fort à 2 lieues de la Mer, qu'ils nommerent (68) Caroline, & ſe lierent avec les Naturels du Pays. Cette bonne intelligence ne dura pas long-tems, & les François eurent beaucoup à ſouffrir de ces Sauvages l'année ſuivante ; mais en 1665 il leur vint de France quelques ſecours qui les rendit maîtres du Pays.

Les Eſpagnols, jaloux de l'Etabliſſement des François dans la Floride (69), réſolurent non-ſeulement

(68) Le nom de cette For5tereſſe a fait croire à quelques Auteurs que les François avoient donné le nom de Caroline à tout le Pays ; mais c'eſt une erreur, car on continua de l'appeller Floride Françoiſe, & ce n'eſt que longtems après que les Anglois donnerent le nom de Caroline à ce Païs, lorſqu'ils s'y établirent après l'abandon des François.

(69) La premiere Découverte de la Floride a été faite en 1511, par Jean Ponce de Leon qui partit de l'Iſle de Portoricco pour cette découverte : il aborda à la Côte Orientale par les 30 dégrés, & ſe contenta de la ranger pendant quelques tems, & lui donna le nom de Floride, ou à cauſe de ſa beauté & de ſa verdure, ou à cauſe qu'il avoit commencé à la voir le Dimanche des Rameaux, appellé Pâque fleurie. La connoiſſance qu'il en prit fut peu étendue, puiſqu'il la crut une Iſle : mais en 1520, Lucas Vaſquez d'Aillon partit de Saint Domingue, & aborda à ces Côtes par les 32 dégrés de Latitude ; il nomma cet endroit le Cap Sainte Helene, & la Riviere de Jourdain, il traita avec les Naturels du Pays & ne fit aucun Etabliſſement. En 1638, Ferdinand de Soto entreprit de ſubjuguer la Floride ; cette expédition ne fut pas des plus heureuſes, & depuis ce tems les Eſpagnols diſcontinuerent de fréquenter la Floride, juſqu'à ce que l'Etabliſſement des François dans cette Partie leur fit prendre le deſſein de les chaſſer & de s'y établir. En 1665 Dom Pedro Me-

de les en chaffer, mais de s'y établir : ils vinrent attaquer ce Fort de Caroline en 1565, s'en rendirent
les Maîtres, & égorgerent tous les François, & ils en
changerent le nom en celui de San Matheo. En 1567
les François eurent leur revanche : ils vinrent de
France attaquer les Efpagnols, s'emparerent du
Fort Caroline, & traiterent les Efpagnols comme
ceux-ci avoient traité les François deux ans auparavant : contents de cette expédition ils quitterent le
Pays & repafferent en France.

Pendant tous ces événemens, les Anglois étoient
encore bien éloignés de fonger à s'établir dans la
Floride : ce ne fut qu'en 1622 que quelques Familles Angloifes établies dans la Virginie, craignant d'ê-
tre maffacrées par les Sauvages qui leur avoient dé-
claré la guerre, vinrent fe réfugier à ces Côtes, & s'é-
tablirent fans autorité, fans même qu'on n'en fçut rien
en Europe, à l'embouchure de la Riviere de May.
Ces Etabliffemens furent long-tems très foibles, mais
en 1663 Charles II (70) en ayant accordé la propriété

nandez, chargé par la Cour d'Efpagne de cette expédition, arriva aux
Côtes de la Floride le 28 d'Août, étant à l'embouchure de la Riviere des
Dauphins, nom donné par les François, & qu'il changea en celui de S.
Auguftin, & fur les bords de laquelle il forma un Etabliffement, & bâtit
un Fort pour être à portée de s'oppofer aux entreprifes des François établis
fur la Riviere de May.

(70) Ce Prince accorda deux Chartres aux Propriétaires de la Caroline : par la premiere en date du 24 Mars 1663, les limites de cette Province étoient affignées entre le 31 & le 36 dégré de Latitude Septentrionale ; par la feconde du 13 Juin 1665, elles furent étendues & fixées entre
le 29 & le 36e dégré 20 minutes. De pareilles conceffions ne font pas
des titres qu'on puiffe oppofer à ceux qui font établis dans ces Parties long-
tems auparavant, comme les Efpagnols à Saint Auguftin, fitué par le
33e dégré de Latitude.

à huit Seigneurs de fa Cour, la Caroline commença dès l'année fuivante 1664, à fe peupler véritablement.

On divife aujourd'hui la Caroline en Septentrionale & Méridionale, qui font partagées en Comtés. Dans la Septentrionale, les Comtés de Anfon, Grandville, Albemarle & Bath; dans la Méridionale, ceux de Clarendon, Craven, Berklei, Colleton & Grandville.

Les principales Rivieres de la Caroline font, la Riviere de Roanoke qui fait la féparation de la Virginie, elle prend fes fources dans les Montagnes, & coulant prefque toujours à l'Eft, elle vient fe décharger dans la Baie d'Albemarle, au fond de laquelle eft fituée la petite Ville d'Edinton, qui eft le feul Etabliffement un peu confidérable qu'il y ait dans toute cette Partie, qu'on a fubdivifée en diftricts qui ont tous des noms & la plûpart point d'Habitans. L'Ifle de Roanoke eft fituée à l'entrée de la Baie d'Albemarle.

La Riviere de Pamticoe fe décharge dans la Baie de ce nom, formée par une Ifle longue & étroite dont la Pointe Orientale s'appelle le Cap Hatteras : cette Riviere n'a guere qu'une vingtaine de lieues de cours; à quelques lieues de fon embouchure on trouve le Village de Bath pour tout Etabliffement.

La Riviere de Neüs vient d'affez avant dans les Terres & reçoit une grande quantité de Cricks ou petites Rivieres qui la rendent affez confidérable à fon embouchure, près de laquelle eft le Village de Nevv Bern.

N ij

La Riviere du Cap Fear, à l'embouchure de laquelle font les Villages de Brunfwich & de Wilmington, cette Riviere eft confidérable & en reçoit plufieurs autres.

Entre le Cap Hatteras & le Cap Fear qui avance dans la Mer., la Côte eft couverte par plufieurs petites Ifles & Bancs de Sable, entre lefquels il y a des paffages pour les Barques.

A vingt lieues au Sud de la Riviere du Cap Fear on trouve celle de Pedée qui vient des Montagnes des Apalaches, & dont le Cours eft prefque Nord & Sud : à fa fortie des Montagnes, on trouve un Etabliffement Anglois appellé Coffart, & à plus de 40 lieues au-deffous, le Village de Kingftovvn, & près de fon embouchure, celui de Georges Tovvn, auprès duquel il fe décharge une petite Riviere qu'on appelle Black River (la Riviere Noire), fur laquelle on trouve Williembourg.

L'embouchure de la Riviere de Congarec ou de Santé, eft tout auprès de celle de Pedée, elle n'en eft même féparée que par une langue de terre qui n'a pas plus de deux lieues de large ; cette Riviere prend ainfi que les autres fes fources dans les Montagnes, & en reçoit plufieurs autres ; fon Cours eft prefque Eft & Oueft ; à 35 lieues de fon embouchure, on trouve fur la Rive Méridionale le Village d'*Amélie*, vis-à-vis duquel elle reçoit la Riviere de Waterée qui vient du Nord-Oueft. A 8 lieues au-deffus d'Amélie, on trouve le Village de Saxegotha ; en remontant la Waterée 10 lieues, on trouve le vieux Waterée & Frederifbourg ; 25 lieues plus haut, le nouvel Etabliffement & le Fort de Waterée.

Le Cap Carteret ou le Cap Romain fait l'entrée de la Riviere de Congarec ; à 8 lieues de ce Cap, on trouve la petite Riviere d'Ashley, à l'embouchure de laquelle eft fitué Charles Tovvn fur une langue de terre, ayant de l'autre côté le Fort de Johnfton qui en défend l'entrée du côté de la Mer : cette Ville eft la Capitale de la Caroline Méridionale, fes Habitans font au nombre de près de 4000, & fon Commerce eft confidérable, furtout en Pelleteries qu'elle tire des Sauvages, & en riz dont on tranfporte une très grande quantité en Europe ; mais le Port n'eft pas des meilleurs, n'y pouvant entrer que de petits Bâtimens. A quelques lieues au Midi de Charles Tovvn, on trouve l'Ifle & Riviere d'Edifto ; enfuite l'Ifle Sainte Helene & Port-Royal formé par plufieurs Ifles, dans l'une defquelles on a bâti le Fort Frederik & le Village de Beaufort ; mais il n'y a pas de Ville de Port-Royal, comme plufieurs Cartes le marquent, il y a feulement une petite Riviere au fond du Port qui porte ce nom. La Caroline eft bornée au Midi par la Riviere de Savannah qui la fépare de la Nouvelle Georgie : c'eft fur cette Riviere, à 8 ou 9 lieues de la Mer, que s'eft établie en 1730, une Colonie de Suiffes, auxquels fe font joints quelques Vaudois fous la conduite de M. Purry, ce qui a fait nommer leur Etabliffement, Purifbourg.

La Caroline eft fort peuplée ; on y compte aujourd'hui au moins 24000 Blancs, & près de 40000 Noirs, fans y comprendre les Sauvages. Toutes Sectes y font tolérées : on y trouve des Epifcopaux, des Prefbyteriens, des Proteftans François, des Anabaptiftes & des Quakers.

Ce Pays eſt auſſi fertile que la Virginie : on y trouve les mêmes arbres & les mêmes plantes , & tous ceux qui ſe voient en Europe y réuſſiſſent très bien ; le riz ſurtout y vient au mieux & le plus beau du monde , la poix, le goudron & la terebenthine , ſont des productions du Pays , outre une quantité prodigieuſe de miel, dont les Habitans compoſent des liqueurs fortes & une boiſſon particuliere aſſez agréable ; il y a dans les bois beaucoup de vignes ſauvages ainſi que dans la plûpart des Parties de l'Amérique dont nous avons parlé, mais juſqu'à préſent on n'en cultive point.

NOUVELLE GEORGIE.

LA Nouvelle Georgie doit être regardée comme une extenſion de la Caroline dont les bornes étoient la Riviere de Savannah ; mais l'envie de s'approcher de la Floride Eſpagnole & de la Louiſiane, détermina les Anglois à paſſer cette Rivierre , & de former quelques Etabliſſemens dans ces Parties ; projet que M. Oglethorpe exécuta en 1733 , après que le Roi eut érigé ce Canton en une Province particuliere , qu'il nomma Georgie.

Le premier Etabliſſement qu'ils firent fut ſur la Riviere de *Savannah*, ſur les bords de laquelle ils bâtirent une Ville de ce nom.

La Nouvelle Georgie a pour bornes au Nord la Caroline , au Midi la Floride Eſpagnole dont elle eſt ſéparée par la Riviere d'Alatamaha ; la Mer à l'Orient, & à l'Occident quelques chaînes de Montagnes qui la ſéparent de la Louiſiane ; mais aujourd'hui il paroît que les Anglois ne veulent plus se renfermer dans ces bornes, & plusieurs des Etablissemens vrais ou faux dont nous allons parler d'après leurs Géographes, leur sont disputés par les Espagnols ou par les François.

La Riviere de Savannah prend ses sources dans les Montagnes, son Cours est d'environ 80 lieues. La Ville de Savannah qu'on peut regarder comme la Capitale de la Georgie, est située à deux lieues de son embouchure, 8 lieues au-dessus on trouve celle d'Ebenefer: entre ces deux Villes il y a les Villages de Joseph Tovvn, Abercon, & vieille Ebenefer: à 30 lieues d'Ebenefer, on a bâti la Ville d'Augusta, pour être plus à portée des Sauvages, avec lesquels on fait un grand Commerce, pour cet effet on l'a fortifiée & mise en état de se défendre en cas de besoin.

Vis-à-vis d'Augusta, de l'autre côté de la Riviere, on a bâti le Fort de Moose, mais il dépend de la Caroline; d'Augusta aux Cantons habités par les Sauvages on compte 35 à 40 lieues.

Quelques lieues au Sud de la Riviere de Savannah, on trouve celle d'Ogechée, sur laquelle on a bâti le Fort d'Argill, qui n'est éloigné que de 6 lieues de la Ville de Savannah; la Côte entre deux est couverte de petites Isles, dont les principales sont l'Isle Tibée, l'Isle Wassa, Ossabavv, Sainte Catherine, & Sapola, qui sont inhabitées.

De la Riviere d'Ogechée à celle d'Alatamaha il y a 7 lieues, il y a aussi plusieurs Isles à l'embouchure de la Riviere d'Alatamaha, comme le petit Saint Simon, le grand Saint Simon, & l'Isle Jekil. Celle du grand Saint Simon est habitée; on a bâti une petite Ville sur sa

Pointe Méridionale, qu'on a nommée Frederica.

Sur la Pointe Septentrionale de l'entrée de la Riviere d'Alatamaha, les Anglois ont formé un Etablissement apellé le Darien, à côté duquel ils ont bâti le Fort du Roi Georges.

Après avoir remonté la Riviere environ 25 lieues, elle se partage en deux branches : on a fait un Etablissement en cet endroit qu'on appelle les Fourches (Thé Forks) : les Anglois appellent Riviere Oconée la Branche du Nord, & Riviere Ocmulgée celle qui est plus Méridionale.

On a vu ci-devant que les Anglois avoient étendu les limites de la Georgie au Midi de la Riviere d'Alatamaha ; & pour s'assurer cette nouvelle possession, ils ont bâti le Fort de Saint André dans l'Isle de Cumberland, à 6 lieues de la Ville de Frederica, & 3 lieues plus loin ils ont encore bâti le Fort William (Fort Guillaume) dans l'Isle d'Amelie ; de sorte qu'ils prennent aujourd'hui pour Limites avec les Espagnols de la Floride, la Riviere de Saint Mathieu ou de Saint Jean, appellée autrefois Riviere de Saint Augustin, située par les 30 dégrés 25 minutes, éloignée de plus de vingt lieues de celle d'Alatamaha.

On prétend que le Terrein de la Georgie n'est pas aussi bon & aussi fertile que celui de la Caroline, cependant les productions sont à-peu-près les mêmes, puisque le Chanvre & le Lin y viennent aussi bien, de même que le Ris ; les Arbres y sont très beaux, & d'une grande hauteur, propres pour les mâtures & les constructions. Les Meuriers y sont très communs, ce qui fait entreprendre d'y élever des Vers-à-Soie ;

mais

mais la récolte a été jufqu'ici peu confidérable, quoi-que la Soie foit d'une très belle qualité.

ARTICLE IV.

La FLORIDE.

LA Floride a été découverte par les Efpagnols en 1512, fous la conduite de Jean Ponce de Leon, comme nous l'avons dit ci-devant ; mais fon expédition fe réduifit à peu de chofe, il ne croyoit pas même que la Floride fût un Continent. En 1520 Lucas Vafques d'Aillon partit de Saint-Domingue dans le deffein d'aller à la Floride enlever des Sauvages pour les employer au travail des Mines ; il y arriva par la Latitude de 32 degrés dans un endroit qu'il nomma Chicora & Guadalpé, qui eurent depuis les noms de Riviere du Jourdain, & Cap Sainte Helene ; il emmena avec lui quelques Indiens, dont la plûpart périrent en route, de trifteffe & de chagrin : pendant quelques années les Efpagnols n'allerent à la Floride que pour en enlever des Indiens, fans pouffer les découvertes, ni faire d'Etabliffement. Ce fut Ferdinand de Soto qui entreprit de faire la conquête du Pays : pour cet effet il partit de la Havane le 12 Mai 1538 avec 350 Cavaliers, & 900 hommes de pied, & un fort grand nombre de Matelots ; il débarqua à la Côte Occidentale de la Prefqu'Ifle de la Floride, dans la Baie de (71) Spiritu-Sancto ; il pénétra fort

(71) Ce nom s'eft confervé, c'eft la Baie du Saint Efprit.

O *

avant dans les Terres , eut à combattre les Indiens, & après avoir perdu beaucoup de monde , il périt lui-même dans cette Expédition. Les Espagnols réduits à 350 Soldats, & 33 Chevaux, ne se trouvant pas en état de résister à des peuples aussi nombreux, se rembarquerent en 1543 , & revinrent dans la nouvelle Espagne. Après cette Expédition , ils furent long-tems sans fréquenter la Floride. On a vu ci-devant que les François s'y établirent en 1562. Les Espagnols les attaquerent en 1565 , & s'emparerent de leurs Etablissemens : les François les en chasserent en 1567. En 1663 , les Anglois se font emparé de la Partie Septentrionale , à laquelle ils ont donné les noms de Caroline & de nouvelle Georgie , de sorte que la Floride est réduite aujourd'hui à la Presqu'Isle.

La Presqu'Isle de la Floride a le Canal de Bahama à l'Orient & l'Ocean, l'Isle de Cube au Midi, le Golfe de Mexique à l'Occident , & au Nord la nouvelle Georgie. Elle s'étend depuis le trentieme dégré de Latitude jusqu'au vingt-cinquieme , ce qui lui donne cent vingt-cinq lieues de longueur du Nord au Sud ; sa plus grande largeur est d'environ soixante & dix lieues , à prendre de Saint Augustin à Saint Marc d'Apalache. Au surplus, dans ce que l'on vient de voir , non-plus que dans le reste de l'Ouvrage , nous ne prétendons point fixer les limites des possessions d'aucune Nation.

Saint Augustin est le principal Etablissement que les Espagnols aient sur la Côte Orientale ; cette Place est

eſt ſituée par les 30 dégrés de Latitude, & par les 82 dégrés de Longitude Occidentale du Méridien de Paris; ſon Port eſt couvert par l'Iſle de Sainte Anaſtaſie, nommée dans les Cartes l'Iſle de Matanças, l'entrée en eſt défendue par le Fort de Mooſa. On trouve aux environs de Saint Auguſtin le Fort de Diego au Nord, celui de Picolata à l'Oueſt, ſur le bord de la Riviere de Saint Matheo ou de Saint Jean, & vis-à-vis de l'autre côté de la Riviere Saint François de Pupa.

L'intérieur de la Preſqu'Iſle n'eſt pas fort peuplé aujourd'hui, ſa Partie la plus Méridionale eſt coupée de Rivieres & de Bras de Mer, qui forment des Iſles de differentes grandeurs, incultes & ſtériles, dont les plus connues ſont les Iſles des Martyrs, que l'on range d'aſſez près pour entrer dans le Canal de Bahama.

La Côte Occidentale depuis les Martyrs juſqu'à la Baie des Apalaches, eſt peu fréquentée; le premier endroit remarquable à l'entrée de la Baie, c'eſt la Riviere de Saint Pierre, au haut de laquelle, fort avant dans les Terres, il y a des Etabliſſemens Eſpagnols & Sauvages, nommés Saint Pierre & Saint François. La Riviere de Vaſiſa eſt à 6 lieues de celle de Saint Pierre, & le Village de Saint Matheo eſt à 15 lieues de ſon embouchure.

Saint Marc d'Apalache que quelques Géographes ont nommé mal-à-propos Sainte Marie d'Apalache, eſt un Etabliſſement ancien, & préciſément au même endroit que Garcilaſſo de la Vega appelle dans ſon Hiſtoire de la Floride, le Port d'Auté. Il étoit très conſidérable autrefois; mais les Anglois l'ayant pris, & preſque détruit en 1704, il n'a pas repris depuis fon premier état, malgré les foins des Efpagnols pour le rétablir. Le Fort eft bâti fur une petite éminence environnée de Marécages, & un peu au-deffous du confluent de deux Rivieres, dont l'une vient du N. E. & s'appelle la Riviere des Apalaches, & l'autre du Nord-Oueft : fur la premiere de ces Rivieres à deux lieues du Fort, il y a un Village de Sauvages Apalaches, fous le nom de Saint Jean, & quelques autres aux environs. Saint Marc dépend de Saint Auguftin, tant pour le Militaire que pour le Civil. On va par terre de l'un à l'autre, mais le chemin eft fort mauvais, & l'on compte près de 80 lieues.

A 20 lieues de S. Marc des Apalaches, il y a une Riviere qui vient de fort loin dans les terres, qu'on appelle Riviere des Apalachicolis; quelques Cartes la nomment la Rivière des Châteaux, d'autres Cahuitas. Les Efpagnols bâtirent en 1719 un Fort à fon embouchure ; cette Riviere vient de plus de 70 lieues dans les terres, & court prefque toujours au Sud : fes bords font extrêmement peuplés, & l'on y trouve plufieurs bons Villages fauvages de la Nation des Criks ; à 25 lieues de fon embouchure, on a bâti le Fort d'Apalachicolis, à l'endroit où elle reçoit une Riviere qui vient du Nord-Eft.

La Baie de S. Jofeph eft fituée à l'Oueft de la Riviere des Apalachicolis ; l'entrée de cette Baie a près d'une lieue de large & un peu plus de profondeur. Les François s'y établirent fans aucun obftacle en 1718, & y bâtirent un Fort de pierre ; mais ils l'abandonnerent l'année fuivante, fur les repréfentations que le Gouverneur de Penfacola fit, que la Baie S. Jofeph appartenoit au Roi Catholique. D'ailleurs, c'eft un très mauvais endroit, une Côte plate & fans abri, & le terrein le plus ingrat & le plus ftérile qu'on puiffe voir. On trouve enfuite la Baie & Riviere S. André ; dix lieues plus loin, la Baie Sainte Rofe, à l'Oueft de laquelle commence une Ifle de ce nom, longue de 10 à 11 lieues au plus, fur une lieue au plus de large , & qui n'eft féparée du Continent que par un Canal fort étroit, où il ne peut paffer que des Barques ; ce Canal conduit dans la Baie de Penfacola.

Cette Baie (72) eft affez belle, & les Vaiffeaux y font en fûreté comme dans un baffin ; l'entrée en eft étroite formée, par l'Ifle Ste Rofe d'un côté , & un ref-cif fort dangereux de l'autre , qui ne laiffe de paffage que pour un Vaiffeau ; elle eft défendue par un petit Fort nommé Ste Rofe , fur la pointe de l'Ifle, & de l'autre côté par le Fort S. Charles. Cette Baie reçoit trois Rivieres dans fa Partie Orientale ; favoir la Riviere du Gouverneur, celle de l'Amirante & le Jourdain ; mais elles ne viennent pas de fort loin. Ce fût en 1696 que Dom André de Arriola en alla prendre poffeffion & y bâtit un Fort à quatre Baftions, qu'il appella le Fort Saint Charles , avec une Eglife &

(72) Suivant les Auteurs Efpagnols, la Baie de Penfacola fut premiere-ment découverte par Pamphile de Narvaez , qui y prit terre dans fa malheureufe expédition de la Floride , enfuite Diego de Maldonado , un des Capitaines de Ferdinand Soto , la découvrit de nouveau & lui donna le nom de Port d'Anchufi. En 1558 Dom Triftan de Luna la nomma la Baie de Sainte Marie. En 1693 , Dom André de Pés ajoûta à ce nom celui de Galve , en l'honneur du Comte de Galve , alors Viceroi du Mexique. Ainfi cette Baie n'eft connue des Efpagnols que fous le nom de *Santa Maria de Galve*, & celui de Penfacola, qui étoit le nom des Indiens Habitans de cet endroit, lefquels ont été détruits par d'autres Sauvages, eft demeuré à la Province à laquelle les Efpagnols donnent une grande étendue.

quelques maiſons. Les François s'en emparerent en 1719, & la rendirent à l'Eſpagne en 1722.

ARTICLE IV.

LA LOUISIANE.

LA Louiſiane eſt une vaſte étendue de Pays que les François ont habité (73) les premiers ; elle a à l'Orient la Caroline & la Floride, au Midi le Golfe du Mexique, à l'Occident le nouveau Mexique & des Terres ou Mers inconnues, & au Nord les Lacs du Canada & les Parties Occidentales de la nouvelle France. Elle eſt partagée en deux Parties par le grand

(73) C'eſt M. de la Salle qui, par la route des Lacs, a découvert le haut du Fleuve Miſſiſſipi, & qui l'a le premier deſcendu juſqu'à la Mer ; pour cet effet il ſe rendit à la fin de Décembre 1678 au Sault de Niagara où il bâtit un Fort, il en partit en 1679, & après avoir traverſé les Lacs Erié, Huron & Michigan, il vint aborder le premier Novembre 1679, près de l'embouchure de la petite Riviere des Miamis, au fond du Lac des Ilinois, ou Michigan ; il y établit un petit Fort ; il partit enſuite pour ſe rendre dans la Riviere des Ilinois, deſcendit cette Riviere, & fit alliance avec les différens Cantons de Sauvages qu'il trouva ſur ſa route ; & au Mois de Novembre 1680, il bâtit ſur les bords de cette Riviere un Fort qu'il nomma Crevecœur. Pendant que M. de la Salle faiſoit cet Etabliſſement, il envoya le ſieur Dacan, accompagné du Pere Louis, Récolet, avec quatre François & deux Sauvages, pour découvrir les Terres des deux côtés du Miſſiſſipi ; ils remonterent ce Fleuve juſqu'à quatre cens cinquante lieues vers le Nord, & aſſez près de ſes ſources, s'écartant de tems en tems d'un côté & d'autre du Rivage pour reconnoître le Pays & les diverſes Nations qui les habitent. En 1682, M. de la Salle bâtit un ſecond Fort à 15 lieues du premier, & le nomma le Fort Saint Louis. Le 2 Février 1683, il entra dans le Fleuve Miſſiſſipi, deſcendit ce Fleuve juſqu'à ſon embouchure dans le Golfe du Mexique, où il arriva le 7 Avril ſuivant ; il revint par la même route faiſant alliance avec les Nations ſauvages qu'il trouva, & prenant poſſeſſion du Pays au nom du Roi de France, il bâtit un petit Fort chez les Chicachas, à 60 lieues au-deſſous de la Riviere Ouabache, qu'il nomma le Fort Prudhomme.

Fleuve

Fleuve S. Louïs ou Mississipy, qui la traverse dans toute sa largeur. Ce grand Fleuve prend ses sources par la Latitude de 46 dégrés, & entre dans la Mer par celle de 29 dégrés, de sorte qu'il parcourt une étendue de 17 dégrés du Nord au Sud, valant 425 lieues ; mais en ajoutant ses contours & ses sinuosités à sa direction qui n'est pas toujours sous le même Méridien, le moins qu'on lui peut donner, c'est 900 lieues de cours.

Les Côtes de la Louisiane sur le Golfe du Mexique s'étendent l'espace de 160 lieues au moins, du Levant au Couchant, depuis la Baie de la Mobile jusqu'à celle de S. Bernard ou S. Louis.

La Baie de la Mobile a 7 à 8 lieues au moins de profondeur, sur 3 à 4 de large. La Riviere de la Mobile se décharge dans le fond de la Baie, où elle forme plusieurs Isles de différentes grandeurs. Dès l'année 1699, M. d'Iberville vint mouiller à l'entrée de cette Baie, & forma un Etablissement dans une Isle qui est à son entrée, qu'il nomma l'Isle du Massacre, & ensuite l'Isle Dauphin : deux années après nous bâtîmes un petit Fort sur la Branche Occidentale de la Riviere de la Mobile, ensuite nous formâmes un autre Etablissement plus considérable au-dessous, vers le fond de la Baie, & nous y bâtîmes le Fort S. Louis. Lorsqu'on a remonté la Riviere de la Mobile 10 à 12 lieues, on trouve deux Branches, dont l'une vient du Nord & l'autre du Nord-Est : la premiere est considérable & reçoit plusieurs autres petites Rivieres ; les François y ont bâti le Fort de Tombeché sur la Rive Occidentale, à 50 lieues au Nord du Fort de la Mobile. Quand on a remonté la Branche du Nord-

Eſt environ 60 lieues, on trouve deux autres Branches, au Confluent deſquelles les François ont bâti le Fort Touloufe, dans le voiſinage duquel il y a pluſieurs Villages de Sauvages Alibamous, & ils ont pouſſé les Découvertes & leurs Etabliſſemens plus de 50 lieues au-deſſus : les François font le commerce avec les Sauvages de ces Contrées, qui font preſque tous leurs Alliés.

A l'entrée de la Baie de la Mobile, on trouve l'Iſle Dauphine.(74) qui eſt longue d'environ 6 lieues ſur une lieue de largeur. Le terrein en eſt fabloneux & fort mauvais ; cependant nous avons bâti un Fort dans la Partie Orientale qui a un peu plus de largeur, & formé un Etabliſſement ; mais en 1717 un ouragan ayant comblé & fermé le Port, on fut obligé de l'abandonner, & l'on tranſporta tout au Biloxi, où M. d'Iberville avoit auſſi bâti un petit Fort dès 1699. Le mouillage eſt à l'Iſle aux Vaiſſeaux, éloignée de cinq lieues de l'Iſle Dauphine : on trouve entre ces deux Iſles l'Iſle à Bienville, autrement l'Iſle à Corne, longue de 4 lieues & très étroite. Ces Iſles couvrent la Côte depuis la Mobile juſqu'à la Baie Saint Louis, & laiſſent entr'elles des Paſſes pour de petits Bâtimens.

Entre la Mobile & le Biloxi, on trouve la Riviere des Paſcagoulas, dont le cours eſt Nord & Sud : ſes ſources ſont à environ 50 lieues de ſon embouchure dans le Pays des Thaƈtas, Sauvages Alliés des François.

(74) J'ai placé la Partie Orientale de l'Iſle Dauphine par les 90 dégrés 25 minutes de Longitude à l'Occident du Méridien de Paris, ſur une Obſervation Aſtronomique que j'ai rapportée dans le Mémoire que j'ai publié en 1749, avec ma Carte du Golfe du Mexique.

De

De la Riviere des Pascagoulas à la Riviere aux Per-
les, on compte 25 lieues à l'Ouest ; son embouchure & la Côte voisine est couverte de plusieurs petites
Isles, entre lesquelles on passe pour entrer dans les
Lacs qui sont au Nord de la nouvelle Orléans. Le
cours de cette Riviere a été fort longtems inconnu ;
j'ai été le premier qui l'ait tracé sur les Cartes (75)
Géographiques. Son cours est de plus de 70 lieues
presque Nord & Sud : elle reçoit à droite & à gauche
un nombre prodigieux de petits Ruisseaux fort près
les uns des autres, qu'on appelle dans le Pays Bayoucs.
Ensuite elle tourne vers l'Est plus de 20 lieues jusqu'au Poste de Boucfouca, lieu où nous avons un Etablissement au milieu de plusieurs Villages sauvages de
la Nation des Thactas.

Les embouchures du Fleuve Mississipy (76) sont
situées par les 29 dégrés de Latitude & par les 91
dégrés 15 minutes de Longitude (77) : c'est un terrein bas & noyé, au travers duquel le Fleuve s'ou-
vre plusieurs Passes qui sont sujettes à des changemens. L'on s'est long-tems servi de la Passe du Sud-
Est, à l'entrée de laquelle étoit située l'Isle & Fort
de la Balize, auprès de laquelle les Vaisseaux mouil-
loient avant que de passer la Barre ; mais depuis quel-

(75) Dans ma Carte de la Louisiane publiée en 1744 pour l'Histoire
de la Nouvelle France du R. P. Charlevoix.

(76) Ce Fleuve a été nommé, lors de la découverte, Riviere
Colbert, ensuite Fleuve Saint Louis, mais le nom de Mississipi que lui
donnoient les Sauvages a prévalu : les Espagnols le nomment dans quelques-unes de leurs Cartes, la Riviere de la Palissade (la Palissada) à cause
de la quantité de bois que ce Fleuve charie à la Mer dans le tems des ava-
laisons & des hautes Eaux.

(77) Cette Longitude est conclue sur l'Observation Astronomique qui
a été faite à la Nouvelle Orléans.

P

ques années cette Paffe s'eft gâtée par la quantité de vafes & de fables que le Fleuve y a charié, & il s'en eft ouvert une du côté de l'Eft beaucoup meilleure.

Depuis l'embouchure du Fleuve jufqu'à la Baie S. Louis ou Saint Bernard, on compte environ 150 lieues à l'Oueft; la Côte entre deux eft baffe & coupée de plufieurs Rivieres, mafquée d'Ifles fabloneufes & ftériles, dont quelques-unes font très longues, mais toutes fort étroites. C'eft dans la Baie Saint Louis que M. de la Salle débarqua en 1685; il y bâtit un Fort, d'où il partit pour fe rendre fur les bords du Fleuve Miffiffipy, traverfant le Pays des Cenis & autres Nations fauvages avec lefquelles il commerça & fit alliance; mais il eut le malheur d'être affaffiné par fes gens dans ce trajet. Les Efpagnols ont depuis quelques années bâti un Fort dans cette Baie, affez près de l'endroit où M. de la Salle avoit bâti le fien. Il y a plufieurs Rivieres qui s'y déchargent; la principale qui vient du Nord-Oueft, porte les noms de Rio colorado, Riviere Rouge, Riviere aux Cannes; les autres font la petite Riviere aux Cannes, la Riviere aux Bœufs, & la Sabloniere.

La nouvelle Orléans (78), fituée fur la Rive Orientale du Fleuve Miffiffipy, à 35 lieues de fon embouchure, eft la Capitale de toute la Louifiane; elle a été fondée en l'année 1717. C'eft un quarré-long d'environ 600 toifes fur 300 de large, dont les rues font tirées au cordeau, & fe coupent à angle droit.

(78) J'ai placé la Nouvelle Orléans par la Latitude de 27 dégrés 57 minutes 45 fecondes, & par la Longitude de 92 dégrés 18 minutes 45 fecondes, fuivant les Obfervations Aftronomiques rapportéesdans la Connoiffance des tems pour l'année 1755.

Elle eft entourée d'un foffé plein d'eau, & il y a un Quai au-devant, auprès duquel les Vaiffeaux mouillent : c'eft la demeure du Gouverneur & de l'Intendant : l'Eglife Paroiffiale eft fituée au centre de la Ville vis-à-vis la Place d'armes. L'Intendance & le Gouvernement font fur la même Place ; il y a des Cazernes pour les Troupes, & un Hôpital. Outre les Jéfuites & les Capucins qui deffervent la Paroiffe, il y a un Couvent d'Urfulines.

Derriere la nouvelle Orléans, il y a la Baie de Saint Jean, qui eft un petit Ruiffeau qui tombe dans un affez grand Lac, qu'on appelle le Lac Pontchartrain, qui a 7 à 8 lieues de long fur 5 à 6 dans fon plus large, au fond duquel, du côté de l'Oueft, il y en a un autre de deux lieues au plus, nommé le Lac Maurepas : on peut par ces Lacs communiquer de la nouvelle Orléans avec la Côte du Biloxi & la Mobile, fans être obligé de defcendre le Miffiffipy & de gagner la Mer : cette route eft infiniment plus courte & plus fûre.

Depuis la nouvelle Orléans, en remontant le Fleuve, on trouve plufieurs Habitations Françoifes & des Villages fauvages : les premiers font les Taenfas & les Ouachas, enfuite les Bayagoulas & Colapiffas, un peu au-deffus les Houmas & les Chitimichas, enfuite la Pointe Coupée & les Habitations Françoifes qui y font en affez grand nombre & qui ne font éloignées de la Riviere Rouge, que d'environ 6 à 7 lieues, & l'on compte environ 45 lieues de cette Riviere à la nouvelle Orléans.

La Riviere Rouge (79) fe décharge dans le Mif-

(79) La Latitude de l'entrée de la Riviere Rouge, a été obfervée en 1700 par M. le Sueur, par les 31 dégrés 10 minutes.

fiffipi du côté de l'Oueft : elle vient de fort loin dans les Terres ; fon Cours eft prefque Sud-Eft & Nord-Oueft. Les Natchithotes, Nation Sauvage affez nombreufe, font établis fur cette Riviere à 70 lieues de fon embouchure : nous y avons fait un Etabliffement & bâti un Fort fous le nom de Saint Jean-Baptifte, dans une Ifle que forme cette Riviere ; les Habitans font répandus dans l'Ifle, & des deux côtés de la Riviere au-deffus & au-deffous. Des Voyageurs affurent que depuis le Fort François jufqu'au-deffus des Cadodaquios où elle prend fa fource, elle n'a gueres moins de 150 lieues de Cours Sud - Eft & Nord-Oueft ; & qu'elle n'eft navigable que dans le tems des débordemens. Depuis que nous fommes établis aux Natchitoches, les Efpagnols font venus s'établir aux Adayes & bâtir uu petit Fort à 7 lieues au Sud-Oueft du Fort François.

La Riviere Rouge eft fort rapide lorfque les Eaux font baffes, & elles font dans ce tems-là faumaches & bourbeufes ; on croit que cela provient des Salines qui font au-deffus & au-deffous du Fort des Natchitoches, où les Sauvages font du fel. Elle a quantité de branches qui tombent dans des Lacs & des Pays noyés. Cette Riviere eft pleine de Crocodiles & très poiffonneufe ; fes Rivages font très abondans en bêtes fauves, comme, Bœufs, Ours, Tigres, Loups, Cerfs & Chevreuils ; il y a auffi quantité de gibier, tel que des Dindes, Oies, Outardes, Cignes & Canards de toute efpece : on y trouve plufieurs fortes d'arbres fruitiers comme des Affeminiers, des Piaqueminiers, des Paquaniers, des Pêchers, des Oliviers & plufieurs autres, avec des pieds de vi-

gne qui portent du Muscat & du Raisin d'un assez
bon goût. A quelques lieues de son embouchure, elle reçoit du côté du Nord la Riviere Noire.

A vingt-lieues au-dessus de la Riviere Rouge, de
l'autre côtè du Fleuve, on trouve le Fort des Natchez avec un Village; ce Fort est situé sur les bords
du Fleuve Mississipi & s'appelloit le Fort Sainte Ro-
salie : l'habitation de M. le Blanc étoit auprès, de
même que l'habitation Sainte Catherine, avec le grand
Village des Natchez qui conspirerent contre les François en 1729, les surprirent & en massacrerent un
grand nombre. A 30 lieues plus loin du même côté,
on trouve la Riviere des Yasous, à l'entrée de laquelle nous avons eu un Fort nommé Saint Pierre
des Yasous, qui a été détruit en 1729 lors de la ré-
volte des Natchez : il y avoit aussi un Village de
Chatchioumous établis à une lieue du Fort qui a été
détruit en 1736. La Riviere des Yasous n'a guere moins
de 60 lieues de cours , mais on n'en connoît qu'environ une trentaine ; on croit que ses sources ne sont
pas éloignées de celles de la Mobile.

De la Riviere des Yasous à celle des Acansas , il
n'y auroit en ligne directe qu'environ 35 lieues (80),

(80) Les distances que l'on donne ici sont tirées de l'Estime de deux
Ingénieurs qui ont parcouru le fleuve, depuis la Nouvelle Orléans jusqu'au Fort de l'Assomption , qui ont traversé cette Partie de la Louisiane
située entre le Fleuve Mississipi & la Rivierre de la Mobile jusqu'au Fort
Toulouze , & qui ont observé des Latitudes aux principaux Postes, dont
je rapporterai quelques unes : au Fort de Natchez, 31 dégrés 46 minutes ;
à l'entrée de la Riviere des Yasous 32 dégrés 36 minutes ; au Fort des
Acansas , 34 dégrés 17 minutes; au Fort de l'Assomption , 35⅔ dégrés 10
minutes. Il est bon de remarquer que M. le Sueur en 1700 ayant pris hauteur au grand Village des Natchez , l'a trouvée de 31 dégrés 45 minutes ,
conforme à l'Observation ci-dessus.

mais les contours & les finuofités du Fleuve font cette diftance de plus de 80 lieues. La Riviere des Acanfas vient de fort loin du côté du Nord-Oueft : il n'eft pas facile de la remonter, étant remplie de rapides & de chûtes ; il y a aux Acanfas un Fort & des Habitans François, avec trois Villages de Sauvages aux environs, le Fort eft fitué fur la Rive Septentrionale de la Riviere, à 3 lieues au-deffus de fon embouchure dans le Miffiffipi.

A 20 lieues environ de la Riviere des Acanfas, on trouve celle de Saint François qui vient du Nord, & dont le Cours n'eft pas fort étendu : nous avons un Etabliffement & un Fort à fon embouchure ; on l'appelle auffi Fort Saint François : & il eft bâti fur la Pointe Méridionale de la Riviere Saint François, tout à l'entrée, fur les bords du Fleuve Miffiffipi. Quelques lieues plus haut fur la Rive Orientale du Fleuve, on trouve le Fort de l'Affomption, & une lieue & demi plus haut, la Riviere à Margot (81) qui n'eft pas confidérable ; quelques lieues au-deffus, on trouve les Ecores à Prudhomme, qui font des terreins plus élevés fur le bord du Fleuve, fur l'un defquels M. de la Salle bâtit en 1683, un Fort qu'il nomma le Fort Prudhomme (82) du nom d'un de fes gens qui s'y noya.

Du Fort, ou des Ecores Prudhomme jufqu'à l'em-

(81) Latitude de l'embouchure de la Riviere à Margot, 35 dégrés 11 minutes, par M. le Sueur en 1700 ; fuivant les Ingénieurs que j'ai cités ci-deffus, 35 dégrés 15 minutes.

(82) M. le Sueur, en 1700, a pris hauteur fur l'Ifle à la Biche, fituée trois lieues au-deffus de l'endroit où le Fort Prudhomme avoit été bâti, & l'a trouvée de 35 dégrés 50 minutes, ce qui donne la Latitude du Fort Prudhomme de 35 dégrés 40 minutes.

bouchure de la Riviere d'Ohio qu'on nomme auſſi-la belle Riviere, on compte environ 60 lieues à cauſe des ſinuoſités du Fleuve, mais en ligne directe, il n'y en a pas 40. L'embouchure de l'Ohio dans le Miſſiſſipi eſt par les 37 degrés 10 minutes de Latitude, obſervée par M. le Sueur en 1700. Dès les premiers tems de la découverte du Miſſiſſipi nous avons commencé de bâtir un Fort à l'embouchure de l'Ohio dans le Miſſiſſipy, dans le deſſein d'y former un Etabliſſement plus conſidérable.

L'Ohio eſt une des plus belles Rivieres de cette Partie de l'Amérique : elle prend ſes ſources entre le Lac Erié & les Montagnes des Apalaches, aux environs du 43ᵉ dégré de Latitude ; on ne lui donne pas moins de 380 lieues de cours, à cauſe de ſes contours & de ſes ſinuoſités qui arroſent beaucoup de terrein ; mais en réduiſant cette étendue à ſa véritable longitude, on ne comptera pas plus de 250 lieues Nord-Eſt & Sud-Oueſt. Quand on remonte cette Riviere, à deux lieues de ſon embouchure, on trouve la Riviere à la Cache, qui prend ſa ſource dans un Marais à 6 ou 7 lieues au Nord ; à 10 lieues ſur la droite la Riviere des Cheraquis (83) ; dix lieues plus loin celle des Chouanons. Ces deux Rivieres qui ſont aſſez conſidérables prennent leurs ſources au bas des Montagnes des Apalaches ; il y a pluſieurs Nations ſauvages vers le haut de ces Rivieres, chez leſquelles les Anglois cherchent depuis quelques années à

(83) Les Anglois, dans les Cartes qu'ils ont publiées depuis quelques années, tâchent de changer les noms de ces Rivieres : ils appellent celle des Chouanons, Cumberland, & celle des Cheraquis, Hagohegée. Ils nomment également l'Ohio, Alliganey. C'eſt le moyen de tout bouleverſer en Géographie & de ne plus s'entendre.

s'établir, comme ils le tentent aujourd'hui fur les bords de l'Ohio (84), contre les droits de la France qui eft en poffeffion de tous ces Pays depuis près d'un fiecle.

De la Riviere des anciens Chouanons jufqu'à la Riviere Ouabache, qui eft de l'autre côté de l'Ohio, on compte 10 lieues.

La Riviere Ouabache porte auffi le nom de Saint Jerôme, que les François lui ont donné lors de fa découverte : elle prend fes fources affez près de celle du Teakiki dont nous avons parlé ci-devant. On lui donne plus de 80 lieues de cours. Deux lieues au-deffus de fon embouchure dans l'Ohio, nous avons le Fort Sainte Anne, ou le Fort Vincennes, bâti fur la Rive Orientale, dès le tems de la découverte, & plufieurs Habitations Françoifes ; 8 lieues au-deffus nous avons le Fort & la Miffion de Ouiatanon, qui font très ancienes.

L'Ohio reçoit beaucoup de petites Rivieres à droite & à gauche, dans le détail defquelles il eft inutile d'entrer ; je remarquerai feulement qu'à 50 lieues au-deffus de l'embouchure de l'Ouabache, on trouve un Sault ou une Cafcade d'environ deux lieues de longueur, c'eft, dit-on, le feul Sault confidérable qu'il y ait dans tout le cours (85) de cette belle Rivie-

(84) On a déja remarqué qu'il faut être en garde contre les Cartes que les Géographes Anglois ont publiées ces dernieres années, qui pour fe conformer au fyftême préfent d'une partie de la Nation, ont marqué des Etabliffemens Anglois dans des endroits où ils n'ont jamais pénétré, par exemple, entre l'Ouabache & l'Ohio, vers le haut de la Riviere à la Roche, ils marquent avoir fait un Etabliffement en 1748, qu'ils nomment Pikkawillan dans un Village Sauvage qui n'a jamais exifté, non plus que leur prétendu Etabliffement que d'autres qualifient de Fort ; les François établis aux environs ne l'auroient pas fouffert.

(85) je dois le détail Topographique du cours de cette Riviere à M.

re qui eſt navigable en tout tems , & ſur les bords de laquelle on trouve pluſieurs Villages de Sauvages alliés des François établis, comme le Baril , Sonhioto , Chiningué : ce dernier eſt voiſin d'une Riviere qui porte le même nom, & qui prend ſa ſource tout auprès de la Côte Méridionale du Lac Erié. A huit lieues au-deſſus de la Riviere de Chiningué , de l'autre côté de l'Ohio , on trouve celle de Malanguelé (Monongahela ſuivant les Anglois) , à l'embouchure de laquelle nous avons bâti le Fort du Queſne.

Du Fort du Queſne juſqu'à la Riviere aux Bœufs , on compte 25 lieues par terre ; & le double au moins par eau ; nous avons parlé de cette Riviere à l'article du Lac Erié. Il y a quelques Villages de Sauvages Alliés des François , ou Neutres, peu conſidérables , & ſujets à changer de places , répandus dans cet eſpace. Les Anglois dans leurs Relations & Cartes nouvelles font de ces Villages des Villes & des lieux importans. Au bas de la Riviere aux Bœufs , ſur les bords de l'Ohio , nous avons le Poſte de Joncaire.

Depuis l'embouchure l'Ohio dans le Miſſiſſipy juſqu'à la Riviere des Ilinois,il y a en ſuivant le Fléuve 250 lieues. Environ à moitié chemin , on trouve la Riviere des Caſcaquias,ſur les bords de laquelle il y a une Miſſion & un Village François aſſez conſidérable, dont les Habitans ſont répandus le long de la Riviere , avec un

de Lery Ingénieur , qui la releva à la Bouſſole lorſqu'il la deſcendit aveç un détachement de Troupes Françoiſes en 1729 , & depuis au R. P. Bonnecamp Jéſuite Mathématicien dont j'ai déja parlé, qui ne l'a pas parcourue dans toute ſa longueur à la vérité , mais qui a relevé avec beaucoup de ſoin ſon Cours depuis Kaknouangon juſqu'à la Riviere à la Roche , en obſervant les Latitudes dans beaucoup d'endroits, & eſtimant l'aire de Vent & les diſtances avec toute la préciſion poſſible.

Q

Village Sauvage tout auprès ; de l'autre côté du Fleuve presque vis-à-vis la Riviere des Cafcaquias, il y a la Riviere à la Saline, qui prend fon nom d'une Saline fort, belle qui en eft très près ; à deux lieues au Nord de la Saline nous avons établi en 1753 le Village de Sainte Genevieve ; à 12 lieues de la Riviere des Caf-caquias, on trouve le Fort de Chartres qui eft un de nos plus anciens Etabliffemens. Le Village de Saint Philippe eft trois lieues plus loin. Huit lieues au-def-fus, on trouve la Riviere des Caoquias ou Tamarouais, qui font une Nation fauvage chez laquelle nous avons établi une Miffion, & dès les premiers tems de la découverte du Miffiffipy. A 6 lieues au-deffus de là Riviere des Caoquias, de l'autre côté du Fleuve, on trouve le Miffoury, qui eft une Riviere très confidé-rable qui vient de fort loin du côté du Nord-Oueft, & dont les fources ne nous font point encore connues. Nous avons eu connoiffance de cette Riviere dès l'année 1673, lorfque le Pere Marquet & le Sieur Jolliet defcendirent dans le Miffiffipy par la Riviere d'Ouifcoufing, dont nous avons parlé à l'article du Lac Michigan.

Quoique j'aie dit que les fources du Miffoury n'é-toient pas connues, cependant les François ont re-monté bien loin dans cette Riviere, & y ont fait an-ciennement des Etabliffemens, dont un fe nomme le Fort d'Orleans, & fitué à plus de 60 lieues de fon embouchure, au milieu des Sauvages Miffouris, Ofa-ges, Kanfés, &c.

La Riviere des Ilinois n'eft éloignée que de quel-ques lieues du Miffoury, mais de l'autre côté du Fleuve. On a vu ci-devant les Etabliffemens & les Forts que M. de la Salle avoit faits fur cette Riviere dès l'année

1679, mais outre ces Etabliſſemens, nous avons établi depuis le Poſte de Peoria, à 20 lieues de ſon embouchure.

La Riviere de Moingona eſt à 35 lieues de celle des Ilinois ; elle vient de l'Oueſt : on dit qu'elle a plus de 250 lieues de cours, & qu'elle prend ſa ſource dans un Lac. Cette Riviere traverſe de magnifiques Prairies, toutes couvertes de Bœufs & de Bêtes fauves ; cependant ſon entrée dans le Miſſiſſipy eſt fort étroite & a peu d'eau.

Un peu au-deſſus de l'embouchure de la Riviere de Moingona, il y a dans le Fleuve Miſſiſſipy deux Rapides fort longs, pour le paſſage deſquels il faut décharger, ou traîner la Pirogue ou le Canot. On trouve ſur la Rive Orientale du Fleuve, la Riviere Ouiſcouſing, à l'embouchure de laquelle le Sieur Perrot, Habitant du Canada, bâtit un Fort qu'il nomma Saint Nicolas : au-deſſous de cette Riviere, des deux côtés du Fleuve, il y a des Mines de Plomb.

De la Riviere Ouiſcouſing au Lac Pepin, on compte trente lieues : ce Lac n'eſt autre choſe qu'un endroit où le Fleuve s'élargit de plus d'une lieue ſur la longueur de cinq à ſix lieues. Le Sieur Perrot avoit bâti un petit Fort à ſon entrée, & un autre un peu au-deſſus, de l'autre côté, à çauſe des Mines de Plomb des environs : quelques-uns lui donnent le nom de Bonſecours, d'autres celui de Lac des Pleurs. Quelques lieues au-deſſus il y a pluſieurs Iſles, ſur la plus grande deſquelles le Fort le Sueur a été bâti en 1695 ; la Riviere Sainte Croix ſe décharge un peu au-deſſus de cet endroit : elle vient de l'Eſt, & ſes ſources ne ſont pas éloignées du Lac ſupérieur.

On avoit bâti un Fort fur cette Riviere, auquel on avoit auffi donné le nom de Sainte Croix, à environ quarante lieues de fon embouchure : ce Fort n'étoit pas éloigné de plus de vingt-cinq lieues du Lac fupérieur, & la Route facile ; il n'y avoit qu'un petit portage à faire de quelques lieues, au moyen duquel on fe rendoit dans la Riviere de Neouatficoton ou Neouiffacouat, qui fe décharge vers le fond de ce Lac.

De la Riviere Ste Croix à la Riviere S. Pierre, on compte 5 à 6 lieues ; le Fleuve eft femé dans cet intervalle de beaucoup d'Ifles de différentes grandeurs. La Riviere S. Pierre, nommée ainfi par les François, & par les Sauvages, *Oualebamenifouté*, vient de l'Oueft ; elle prend fa fource dans un Lac nommé Lac des Tintons : elle court d'abord à l'Eft pendant plus de 50 lieues ; elle fait un coude alors, & court au N. E. 30 lieues au moins jufqu'au Miffiffipy. C'eft au coude, qu'elle reçoit la Riviere Verte & celle de S. Remi. Nous avons bâti en cet endroit un Fort, nommé le vieux Fort l'Huillier, ou le Fort Vert, à caufe d'une Mine de Terre verte trouvée dans le voifinage. La Latitude du Fort Vert eft de 44 dégrés 20 minutes ; celle de l'embouchure de la Riviere S. Pierre eft de 44 dégrés 55 minutes. Ces Latitudes ont été obfervées en 1700 par le fieur le Sueur. Le Fleuve Miffiffipy eft barré ici par une chûte ou cafcade confidérable, qu'on appelle le Sault S. Antoine, & qui en interrompt la Navigation ; cependant on a remonté au-deffus jufqu'à fes fources, qui en font encore à plus de 100 lieues. Il y a même lieu de croire que ce fameux Fleuve a deux branches confidérables, dont l'une fort du Lac Rouge,

connu

connu anciennement fous le nom de Lac Buade, au-près duquel on affure qu'on trouve la hauteur des Terres d'où les eaux commencent à fe partager, pour couler les unes du côté du Nord, & les autres du côté du Midi, fur quoi il faut confulter la Carte ci-jointe.

A l'égard des Nations fauvages qui habitent aujour-d'hui les Parties de l'Amérique dont nous venons de parler, elles ne font ni les mêmes pour la plûpart, ni n'occupent les mêmes lieux que lors de la Décou-verte. Les guerres que les différentes Nations fe font faites les unes aux autres, & d'autres accidens en ont détruit beaucoup; ainfi le détail dans lequel on entreroit à cet égard, ne feroit d'aucune utilité, d'au-tant que ceux qui fubfiftent, changent de demeure fui-vant les circonftances, & s'approchent ou s'éloignent de nos Habitations felon les avantages qu'ils y trou-vent; auffi eft - on extrêmement furpris de voir les Auteurs Anglois remplir depuis quelques années leurs Cartes de cette Partie de l'Amérique de noms de Na-tions fauvages, dont la plûpart n'ont jamais exifté, comme fi c'étoit des Peuples fédentaires, & qui affec-taffent la propriété de quelques Cantons. Il eft bon d'avertir que ces Peuples n'ont été ainfi créés de nou-veau que pour donner à la grande Bretagne des Al-liés & des Sujets qui euffent un territoire dont elle put s'emparer, & que dans ces mêmes endroits à-peine y a-t'il quelques miférables Cabanes de Sauvages-Cou-reurs, qui changent fans ceffe de fituation & qui mê-me pour la plûpart font amis des François & enne-mis des Anglois, dont le but eft de brouiller & de confondre aujourd'hui toutes les connoiffances que

l'on a fur l'Amérique Septentrionale , afin d'en impo-
fer fur l'état des lieux , & empêcher de reconnoître
le peu de fondement de leurs nouvelles prétentions.

ARTICLE VI.

Le Nouveau Mexique, & les Pays voifins.

LEs Efpagnols ont donné le nom de nouveau Mexique à une grande étendue de Pays qu'ils ont découvert (86) au Nord de l'ancien Mexique ; quelques
Géographes y comprennent la nouvelle Navarre, la
Californie & le nouveau Leon, dont je ne parlerai
point n'étant pas compris dans ma Carte.

Le nouveau Mexique, proprement dit, s'étend de-
puis le 28e dégré de Latitude jufqu'au 42 ou 43e, fes
bornes du côté du Nord n'étant pas connues ; il a la
Louifiane à l'Eft, à l'Oueft des terres inconnues & les
Côtes Septentrionales de la Californie.

Il eft traverfé dans toute fa longueur par une gran-

(86) L'année 1552, Antoine d'Efpejo homme riche , natif de Cor-
doue en Efpagne , & Habitant du Mexique, ayant appris qu'il y avoit
vers le Nord plufieurs Provinces extrèmement peuplées dont les Habitans
étoient raffemblés par Bourgades ou Villes, partit de la Ville de Saint
Barthelemy avec cent cinquante Chevaux ou Mulets , des munitions de
guerre & de bouche , & beaucoup d'Efclaves : après avoir marché deux
jours vers le Nord, il trouva des Sauvages appellés Conchas qui le con-
duifirent pendant 24 lieues à travers de leur Pays, d'où il entra dans
le Pays des Jumanes qui font raffemblés par Bourgades ; enfuite il mar-
cha 15 journées fans trouver d'Habitans, au bout de ce tems il arriva à
un Village affez mal peuplé, il s'eftimoit alors à 80 lieues de la Ville de
Mexico ; ayant fait encore 12 lieues, le long de la Riviere del Norte, il
donna le nom de Nouveau Mexique au Pays dans lequel il entra ; fi l'on
en croit l'Auteur Efpagnol, ce Pays étoit fi peuplé qu'ils trouverent un
Canton où il y avoit onze Bourgades dont les Habitans pouvoient être au
nombre de quarante mille.

de Riviere qui prend fes fources au milieu de Montagnes inconnues, & qui court prefque toujours du Nord au Sud, que l'on appelle Rio del Norte (Riviere du Nord) & quelquefois Rio bravo. A droite & à gauche de cette Riviere, on voit des chaînes de Montagnes qui laiffent entr'elles des Plaines affez belles & fort peuplées ; les Efpagnols y ont quantité de Bourgades, autour defquelles les Indiens fe font raffemblés. Ces Peuples étoient fort nombreux lorfqu'on en fit la découverte ; les uns étoient errans, les autres étoient fédentaires divifés par Cantons ou Tribus, dans plufieurs defquels, fi l'on en croit les Relations Efpagnoles, il y avoit jufqu'à 25 & 30 mille Ames. La Ville de Santafé eft la Capitale du nouveau Mexique ; elle eft fituée par la Latitude de 36 dégrés 45 minutes fur les bords d'une petite Riviere qui fe décharge dans Rio del Norte du côté de l'Eft. Cette Ville eft la demeure du Gouverneur ; on dit qu'elle eft affez belle, bien bâtie & fort peuplée, & qu'il y a un Evêché érigé en 1635. Au Sud-Oueft du nouveau Mexique, on trouve la nouvelle Navarre où les Efpagnols font établis avec les Naturels du Pays qu'ils ont foumis. On peut voir dans ma Carte la quantité de lieux qu'ils occupent ; j'en ai pris le détail fur celle de l'Amérique que M. Danville a publiée en 1746.

La Californie, dont la Partie Septentrionale fe trouve comprife dans ma Carte, a été découverte par les Efpagnols, qui en parcoururent toutes les Côtes en différens tems. On fait que Fernand Cortez, après avoir fait la conquête de la nouvelle Efpagne, s'attacha à la découverte des Pays voifins & de la Mer

du Sud. L'an 1534 il envoya deux Vaiſſeaux qui dé-
couvrirent le bout de la Californie par les 23 dégrés
& demi, qu'on appelle le Cap S. Lucar. Les années
ſuivantes ſe paſſerent à découvrir les Côtes Orientales. En 1539 Cortez partant pour l'Eſpagne, envoya
François de Vello achever la découverte de la Californie, dont ce Capitaine Eſpagnol rangea preſque
toute la Côte Occidentale. Enfin en 1542 Jean Ruys
Cabrillo, Portugais, au ſervice de Charles-Quint,
pouſſa les Découvertes des Côtes de la Californie
beaucoup plus loin : il arriva juſques par la Latitude
de 44 dégrés auprès d'un Cap avancé, qu'il nomma
le Cap de Mendocino, en l'honneur de D. Antoine
Mendoça, Viceroi de la N. Eſpagne. En 1578, François
Drak, Corſaire Anglois, après avoir paſſé le Détroit
de Magellan, & couru toute la Côte de l'Amérique
Méridionale & de la Nouvelle Eſpagne, voulant retourner en Angleterre par les Indes Orientales, fit
route au Nord-Oueſt, & s'étant élevé juſqu'au 40ᵉ dégré de Latitude Septentrionale, ſes gens ne pouvant
ſupporter le froid qu'ils y trouverent, il prit le parti
de retourner vers le Continent de l'Amérique ; &
étant revenu juſqu'au 38ᵉ dégré de Latitude, il entra
dans une Baie où il mouilla l'ancre, & y donna le
nom de nouvelle Albion. Il paroît que le lieu où il
aborda, étoit une Iſle & non le Continent : c'eſt cependant ſur la Relation de ce Voyage, dans laquelle
il y a des détails très ſuſpects & aſſez peu vraiſembla-
bles, que les Anglois dans leurs Cartes étendent le
nom de la nouvelle Albion ſur la Partie du Nord de
la Californie : ils nomment auſſi l'endroit où il mouilla, Port de François Drak ; ce qui a été ſuivi par quelques Géographes.   La

La Californie eſt une portion du Continent (87) de l'Amérique dont la Partie Méridionale eſt une Preſqu'Iſle, ſa pointe du Sud eſt par les 23 dégrés 30 minutes de Latitude, ſes Côtes Orientales s'étendent juſqu'au 32ᵉ dégré, & ſes Côtes Occidentales juſqu'au 44, & leur giſſemenr eſt environ le Nord-Nord-Oueſt: on a donné le nom de Mer Vermeille au grand Golfe, compris entre les Côtes Orientales de la Californie & celles du Continent de l'Amérique; il y a pluſieurs Rivieres qui s'y déchargent, la plus conſidérable eſt celle qui ſe décharge dans le fond de la Baie connue ſous le nom de Rio Colorado, c'eſt la même dans laquelle Vaſq Coronat entra, & qu'il nomma Bona guia. Cette Riviere prend ſes ſources dans les Montagnes du Nouveau Mexique; elle reçoit à trente lieues de ſon embouchure, une autre Riviere aſſez conſidérable qui vient de l'Eſt, qu'on appelle la Riviere des Apôtres; cette derniere en reçoit pluſieurs autres, qui toutes

(87) Sur les premieres connoiſſances qu'on a eu de la Californie, les Cartes en firent une Preſqu'Iſle, comme on le voit dans les Atlas de Mercator, & de Blaeu, dans les Cartes Géographiques de Bertius, & dans le Théâtre de Ortelius; cependant quelques années après on abandonna cette idée pour en faire une Iſle, les Cartes de Wit, de Sanſon, de Nolin, de Fer, d'Allard & autres le marquent ainſi, & Cluvier ayant dit dans ſon Introduction à la Géographie, que c'eſt une Péninſule, ſes Commentateurs ſéduits par les nouvelles Cartes, ont relevé cela comme une erreur. Le Pere Riccioli dans ſa Géographie réformée, Meſſieurs Baudran, Maty & Corneille dans leurs Dictionnaires Géographiques, & d'autres Modernes, diſent que c'eſt une Iſle; mais les Jéſuites ayant pénétré par terre du Continent dans la Californie, le P. Euſebe François Kino en a donné une Carte où il a marqué ſes routes & les lieux qu'il a traverſés pendant les années 1698 & ſuivantes, juſqu'en 1701, ce qui ne laiſſe aucun doute ſur la jonction de la Californie au Continent. Cette Lettre eſt inférée dans le cinquieme Volume des Lettres Edifiantes, publié en 1705.

R

font très habitées ; on y trouve les Bourgades de S. Marc, S. Xavier, S. Jacques, S. André, l'Incarnation, S. Philippe &c.

Dans la Partie Méridionale de la Californie, vers le 30ᵉ dégré de Latitude, il y a un Isthme situé au fond d'une Baie peu connue, mais qu'on croit très profonde, dont le terrein bas & noyé est entierement couvert dans les grandes Marées, ce qui fait en certains tems une Isle de la Californie. On doit cette connoissance à une Carte Espagnole manuscrite de toute l'Amérique, qui a été faite en 1704, & qui se trouve à la Bibliotheque du Roi. C'est sans doute sur ces notions qu'en 1620 on commença à croire que la Californie étoit une Isle : on peut voir sur ce sujet la troisieme Partie des Considérations Géographiques, publiée par M. Buache en 1754.

A l'égard des Pays qui peuvent être au Nord de la Californie, ils font entierement inconnus : on présume que l'Océan doit la borner de ce côté, & quelques-uns de nos Géographes modernes placent en cet endroit la Mer de l'Ouest ; ce qui n'est pas une idée neuve, puisqu'il y a des Cartes & des Globes faits il y a 50 ans, où la Mer de l'Ouest est marquée, de même que ce prétendu Détroit d'Anian, par lequel on supposoit une communication avec les Mers du Nord ; mais réduisant les connoissances que l'on a à leur juste valeur, toutes ces idées disparoissent ; on fait feulement que Martin d'Aguilar envoyé en 1603 pour la Découverte des Parties Septentrionales de la Californie, s'étant féparé du reste de fa Flote, doubla le Cap de Mendocin, & que 30 lieues plus loin il découvrit une Pointe par la Latitude de 43 dégrés , à laquelle il douna le nom de Cap Blanc; qu'alors la Côte lui parut tourner vers l'Eſt , & qu'il découvrit une entrée qu'il prit d'abord pour l'embouchure d'une grande Riviere , mais que c'eſt un détroit de Mer , qu'il voulut y entrer , & que les Courans l'empêcherent ... Environ 60 lieues au Nord de l'entrée de Martin d'Aguilar , on trouve celle de Jean de Fuça découverte en 1592 , que j'ai placée , ſuivant la Relation qu'on en trouve dans la Collection des Voyages de Purchas , Tome III pag. 849. Mais ce que ce Compilateur rapporta de Jean de Fuça de ſes Découvertes , de la façon dont il quitta l'Eſpagne , de ſa rencontre à Veniſe en 1596 , par un Navigateur Anglois (Michel Lock) auquel il s'offrit pour paſſer au ſervice de l'Angleterre , tous ces détails, dis-je , me paroiſſent ſuſpects & ne ſoutiendront pas un examen bien rigoureux ; auſſi dans ma Carte toutes ces Parties ſont indéciſes , & font connoître le défaut de nos connoiſſances , dont il vaut mieux convenir que de ſe livrer à des conjectures qui jettent dans l'erreur ceux qui nous prennent pour guides.

F I N.

www.ingramcontent.com/pod-product-compliance
Ingram Content Group UK Ltd.
Pitfield, Milton Keynes, MK11 3LW, UK
UKHW031848170726
13836UKWH00004B/1956